改訂版

教師にできる 自殺予防

子どものSOSを見逃さない

中央大学客員研究員／前防衛医科大学校教授

髙橋聡美

教育開発研究所

はじめに

　長年、自殺予防活動をするなかで、「子どもの自殺が増えている」そう感じ始めたのは2018年でした。翌年の2019年には児童生徒の自殺者数が過去最悪となり、本当に悔しい思いでした。

　2016年の自殺対策基本法の改正時には、若年者層の自殺対策は重点課題とされ、自殺予防教育・SOSの出し方教育も努力義務化されました。しかし、「どんなふうにやればいいのか」「誰がどんな内容を何年生に」「そもそも自殺予防なんて教育で教えられるのか」という言葉も聞かれ、それから7年経った2023年現在も、自殺予防教育はまだまだ進んでいません。

　私はいくつかの自治体・教育委員会と共に自殺予防教育を実践してきました。授業を重ねるなかでわかったことは、「子どもたちはSOSの出し方を教えると、私たちが思っている以上にSOSを出せるようになる」ということでした。しかし、「弱音を吐くと親が心配する」「先生からの評価が下がる」などを理由に「弱音が吐けない」ということも、たくさんの子どもたちから聞きました。子どもたちがSOSを出せないのは、周りの大人の反応によるものなのです。

　さらに、私たち大人は、子どもの自殺は、「いじめ」が理由だと思い込みがちですが、子どもの自殺の原因の詳細を見てみると、小学生の自殺の原因の第1位は「家族からのしつけ・叱責」、中学生は「学業問題」、高校生は「進路問題」となっており、すべて大人が関係していることです。

　子どもの自殺を減らそうとするときに、子どもたちに変わることを求める前に、私たち大人が、子どもたちへの接し方を変え、身近

にあるSOSを受け止めるスキルを身につけなければならないのだと思います。

　この本の初版を出した頃から、世の中は新型コロナウイルス感染症対策の時代に突入し、子どもたちをめぐるメンタルヘルスの状況はますます悪化していきました。あれから3年が経ち、アフターコロナとはならず、私たちは新型コロナウイルスと共存する道を進むことになりました。

　コロナ禍の3年の間、さまざまな学校行事が中止・縮小され、黙食を強いられ、子どもたちは楽しい時間や自分らしさを発揮する場面をことごとく奪われてきました。

　本心を言えば、この本の初版を出した時は、少しでも子どもの自殺が減り、この本の世の中のニーズも減ってくれたほうがいいと思っていました。改訂版を出すことが決まった2022年、児童生徒の自殺者数は過去最多の514人になってしまいました。奇しくもこのデータが発表されて間もなく、その年の出生者数が80万人を割り過去最少となったという発表もありました。少子化が深刻化するなかで、子どもの自殺も急増している。日本の社会はなぜ、こんなにも子どもたちが生きづらい社会になってしまったのでしょう。

　さらには、子どもたちを支える教職員のメンタルヘルスもこの数年、非常に悪い状態にあります。令和3年度の教育職員の精神疾患による病気休職者数は、5,897人（全教育職員数の0.64％）で、過去最多となりました。普段の業務に加え、コロナ感染予防、感染予防のためのカリキュラム変更、GIGAスクール構想の実践など、マルチタスクを強いられ、教職員もまた疲弊しています。

　子どもに何かあったら「学校は何をしているのだ」とよく批判されますが、スクールカウンセラーやスクールソーシャルワーカーの

配置などを充実させ、業務を分担できるような対策は急務であると思っています。

　本書では、学校でよく遭遇する子どものつまずきへの寄り添い方、「この子、死んじゃいたいと思っていないかな」と気がかりな子や、死にたいと訴えている子、リストカットを繰り返す子などとの会話例をあげ、実践につなげやすいように記しました。

　また、私がこれまで行った自殺予防教育の実践を詳しく記し、教師のみなさんに応用してもらえるようにしました。

　この本を手に取ってくださったみなさんが、この本から子どもの話を聞く方法や、自殺予防教育のヒントを得、その結果、1人でも多くの子どもの命と心が守られること、それから、日ごろの業務に追われるなか、子どもたちの話を一生懸命に聞いてくださっている教師のみなさんの力になれることを願っています。

　大人たちが変わらなければ、子どもの自殺は減らない。逆に言うと、私たち大人が変われば子どもたちの自殺を減らすことができます。私たち支援する人たち・教師たちもつながり、SOSを出し合いながら、子どもの心を守れればと思います。

2023年3月　髙橋 聡美

目　次

※本書掲載のURLは2023年4月1日現在のものです。

序章
コロナ禍に起きた
子どもの自殺の急増

■コロナ禍における自殺者数の変化

　2020年、新型コロナウイルス感染症が世界的に流行し、感染拡大防止のためにさまざまな経済活動や社会活動が自粛に追いやられました。日本では、真っ先に学校にその矛先が向けられ、何よりも早く「休校措置」がとられました。

　経済が止まり、倒産や解雇が続き、私自身も大人たちの自殺を心配し、そのことに気が取られていました。そんななか、厚生労働省から8月の自殺者数について、前年の8月に比べて男性は1.1倍、女性は1.4倍と公表されました（表）。私はこの数値に少し違和感を抱きました。経済のダメージは、働きざかりの男性の生活と命を直撃すると思っていたからです。

　そこで、女性の自殺の内訳を厚生労働省の資料から分析してみました。

　驚くべき事実がそこにはありました。予想に反して、男女ともに子どもの自殺が急増していました。さらに、未成年の女性は前年の4倍にも跳ね上がり、女子中学生が前年の4倍、女子高校生は7.3倍となっていたのです（表）。言葉を失いました。大人たちがコロナ禍で自分のことで精一杯になっている間に、子どもたちに何が起きているのか。さまざまなデータを参照し、各方面にヒアリングをしつつ検討を重ねました。

表　2019年と2020年の8月の自殺者数

	2019年	2020年	倍率
総数	1,458	1,783	1.22
男性	1,021	1,148	1.12
女性	437	635	1.45

■年齢階級別

	男性			女性		
	2019年	2020年	倍率	2019年	2020年	倍率
20歳未満	33	51	1.55	10	40	4
20代	111	160	1.44	54	78	1.44
30代	127	145	1.14	43	71	1.65
40代	176	181	1.03	64	100	1.56
50代	168	185	1.10	71	99	1.39
60代	137	136	0.99	55	72	1.31
70代	150	148	0.99	73	103	1.41
80歳以上	115	139	1.21	65	72	1.11
不詳	4	3	0.75	2	0	0

■生徒・学生の自殺

	男性			女性		
	2019年	2020年	倍率	2019年	2020年	倍率
中学生	7	8	1.14	2	8	4.00
高校生	16	20	1.25	3	22	7.33
大学生	17	29	1.71	8	12	1.50
専修学校生徒等	3	7	2.33	3	5	1.67

出典：厚生労働省「地域における自殺の基礎資料」を基に作成

1　自殺の動向　これまでと違うこと

■高い女性の自殺の増加率、若者の自殺の手段の変化

　世界中、ほとんどの国、すべての世代において、女性より男性のほうが自殺者の数は多い傾向にあります。しかしコロナ禍における日本の自殺者数を見てみると、数こそ逆転はしなかったものの、増

加率は女性のほうが男性よりはるかに高くなりました。これは、これまでにない傾向です。また、全国均一で増えているというわけではなく、地域差が著明に見られました。

　若者の自殺の手段に関しても、高層ビルからの飛び降りや鉄道自殺が例年より多く、確実に死ねる手段を選んでおり、自殺に至る心理プロセスが従来とは何か異なっていることが推測されました。

2　コロナが与えた心理的影響

■国民全体が感じたストレス

　新型コロナウイルス感染症は、私たちの心にさまざまな影響を与えました。長期にわたるコロナ不安、いつ収束するのかわからない先行きの不透明さ、自粛によるストレスなど、これらは国民全体が感じていたストレスだと思います。また、ソーシャルディスタンスによって、人と人の体の距離だけではなく、社会心理的にも距離ができてしまいました。

　国内で感染が拡大するとともに、人々は疑心暗鬼になっていき、住民の相互監視で社会の緊張が高まるようになりました。経済活動が停滞したことで仕事を失った人も多く、心理的にもダメージを受けました。少なくない子どもたちが、その影響を受けたものと思われます。

3　女性の自殺が増えたことの考察

　では、なぜ女子中・高生に自殺が増えたのでしょうか。結論からいうと、「これ」という決定的な要因は見出せませんでしたが、いくつかの可能性を述べておきます。

■女性のうつ病の罹患率の高さ

　自殺の数そのものは男性のほうが多いのですが、実はうつ病の罹

患率は女性のほうが常に高いです。これは、女性ホルモンの分泌量の影響で、女性がうつ病を発症しやすいという脳科学的要因もあります。また、女性のほうが心に悩みを抱えた時に受診して話を聞いてもらう・薬をもらうといった、援助を求める能力が高く、うつ病と診断されるケースが多い結果ともいえます。気分が沈んだ時などに、病院を使ってバランスをとっていたところに、不要不急の外出自粛で受診控えがあった可能性も考えられます。

　また、がん意識調査などから、そもそも女性のほうが病気への不安が強いことがわかっており、コロナ禍において女性のほうが新型コロナウイルス感染症に対する不安を強く感じたという可能性もあります。

■ストレス対処の不足、家庭内の緊張、性的な被害
　女性は人と会ってしゃべったり、食事をしたりという形でストレスへの対処行動をよくとりますが、自粛期間においては普段のストレス対処ができませんでした。

　さらに、Stay homeで家庭内の緊張は普段より高かったことが予想されます。もともと、家庭内の緊張が高い家族が、Stay homeでさらに緊張が高まる一方で、居場所のない子どもも外出自粛でどこにも逃げ場がなかったかもしれません。DVや虐待の報告件数もコロナ禍で増えており、女の子の性に関する相談もまた増えているということも、子どもの相談窓口に対して行ったヒアリング調査で示唆されました。

　2章（53頁）でも述べていますが、世界的に女子の自殺率が男子より高い国は、女性の性的搾取のある国です。女子の自殺の急増において、性的な問題は無視できない課題と考えています。

4 芸能人の自殺の影響

■若年層が影響を受けやすい芸能人の自殺

コロナ禍で、芸能人の自殺が相次ぎました。

かつて、1980年代にアイドルが飛び降り自殺をした際に、若者の自殺が増えました。当時の報道は遺体がまだある自殺現場をそのまま報道していたりしたため、世の中に大きな衝撃を与えました。また、自殺の手段も報じられ、この報道以降、同じような手段での自殺が相次ぎました。

マスメディアの自死報道に影響されて自殺が増える事象を、自殺学では「ウェルテル効果」と言い、特に若年層が影響を受けやすいとされています。「ウェルテル効果」は、単にその人を思って自殺する「後追い自殺」だけを指すのではなく、その報道に触れて自殺する「誘発自殺」も含みます。コロナ禍で起きた芸能人の自殺は、子どもたちに人気のあった方たちであったことを考えるとその影響は非常に大きいものでした。

自殺の報道の影響に関しては過去の研究で①自殺が大きく報道されればされるほど自殺率が上がる、②自殺の記事が手に入りやすい地域ほど自殺率が上がる、ということがわかっています。

また、WHOは自死報道でしてはならないこととして、**図1**に示すことをあげています。

1980年代のアイドルの自殺の時は、遺体の写真を添えながらセンセーショナルに報道したほか、自殺の方法を詳しく報じ、さらに「恋に殉ずる自殺」というような美化をしました。結果、その年の若者の自殺は前年より245人増えています。

図1　自死報道でしてはならないこと

自殺に関する責任ある報道：
やってはいけないこと

・自殺の報道記事を目立つように配置しないこと。また報道を過度に
　繰り返さないこと
・自殺をセンセーショナルに表現する言葉、よくある普通のこととみ
　なす言葉を使わないこと、自殺を前向きな問題解決策の一つである
　かのように紹介しないこと
・自殺に用いた手段について明確に表現しないこと
・自殺が発生した現場や場所の詳細を伝えないこと
・センセーショナルな見出しを使わないこと
・写真、ビデオ映像、デジタルメディアへのリンクなどは用いないこ
　と

出典：WHO「自殺対策を推進するためにメディア関係者に知ってもらいたい
基礎知識　2017年最新版」訳　自殺総合対策推進センター

■原因を単純化しない、犯人探しをしないことが大切

　現在の自死報道は、1980年代の報道よりは改善されており、記
事の後や放送の後に、相談窓口の紹介もし、いくらかの配慮も見ら
れます。しかしやはり、ニュース速報で衝撃的に流されたり、自殺
の手段を詳しく報じたり、原因を単純化したりという傾向が散見さ
れ、自殺を誘発する報道になっていると言わざるを得ません。

　手段や場所などを報じると、憧れの人と同一化したい人たちを同
じ方法・場所での自殺に導く危険性や、自殺を考えている人たちが
「その方法・場所なら死ねるんだ」と模倣する危険性が出てきます。

　自殺への偏見はあってはならないことですが、一方で自殺を美化
することは「自殺は人に認めてもらえる行為」と、自殺へのハード
ルを下げてしまうので、自殺を誘発してしまいます。

また、１章（35頁）で詳しく述べますが、自殺の原因はけっして１つではありません。今回の自殺の報道では、仕事に悩みがある、産後うつ、ネットでの誹謗など自殺の原因を限定するような報道もたくさんありました。原因を１つにしてしまうと、同じ状況にある人が、やはり死ぬしかないのかなという思いに駆り立てられたりもします。さらに、限定することで、自殺の原因とされた「人」が今度は心理的危機にさらされ、自殺のリスクが上がります。

　１つの自殺には、４つ以上の原因があります。原因を１つにせず、犯人探しをしないことは、自殺が起きた後、私たちが気をつけなければならないことのひとつです。

　芸能人の自死報道やいじめ自死報道の後は、若者の自殺が増えるということはわかっていることです。ですから、国は早急に自死報道に対し、策を講じるべきです。現状の中で私たちにできることは、自死報道を見ないこと、とりわけ自死報道に脆弱な子どもたちには見ないように声かけをすることが大切です。

5　３年間のコロナ禍が子どもに与えた影響
■中・高生の学業問題や進路に関する悩みによる自殺の増加

　2020年から世界に猛威を振るっている新型コロナウイルス。３年が経過した今もまだ、流行の波が幾度となく押し寄せています。もはや誰が感染してもおかしくないというなかで、感染したり濃厚接触者になったりすると仕事や学校に行けなくなるため、私たちはさまざまな苦難を強いられています。

　一方で、「新しい生活様式」に社会全体が慣れてきた部分もあり、あらゆる面でリモート化も進みました。コロナ禍で私たちが得た力のひとつだと言えるでしょう。

　子どもたちの学校生活にはどのような影響があったでしょうか。

　2020年３月、突然の一斉休校。今思い返すと、わが国のコロナ

対策はこの学校の休校措置からスタートしました。卒業式がいつもどおりには行われず、しっかりお別れができないまま次に進まざるを得ない状況でした。マスク着用、給食の際の黙食、運動会・遠足・修学旅行・文化祭などのイベントの縮小、部活動の試合やコンクールの中止も相次ぎました。

　子どもたちが楽しみにしていたことがなくなり、経験の機会も失ってきました。イベントや部活動は仲間づくりのうえでも非常に大切ですし、自分らしさを発見し、自分の得意なことを発揮できる場面でもあります。自分らしさを見つけにくい３年間だったと感じます。そんななかで進路を決めなければならないということもあり、中学生・高校生の学業問題や進路に関する悩みによる自殺も増加しました（図２）。

　国立成育センターは、コロナ禍での子どものメンタルヘルスに関するアンケートをこれまでに７回実施しており、そのなかで子どものさまざまなメンタルヘルスの変調が明らかになっています。

■小学校高学年以上の３割に睡眠時間の遅れや乱れが目立つ

　勉強以外でスクリーン（テレビ・スマホ・ゲーム）を使用していた時間については、４割以上の子どもが１時間以上増えたと回答しています。コロナ禍で授業後、部活動などの課外活動が減ったことや、友だちと遊びに出かける機会などが減り、生活リズムに変化があったこと等が要因だと考えられます。

　子どもにとって、日中の活動量が減ると夜眠れなくなることや、人と会う時間が減るとスクリーンと向き合う時間が増えることは、当然の結果だとも思います。また、GIGAスクール構想によって１人１台デバイスが渡されたことで、スクリーンタイムの延長、さらにはそれに伴う就寝時間の遅れが生じたことも考えられます。

図2　令和元年（平成31年）及び令和2年における児童生徒の自殺の原因・動機別表〜原因・動機数における上位10項目〜

令和元年の順位	小項目	令和元年の人数	令和2年の人数（順位）	大項目
1	学業不振	43	52（2）	学校問題
2	その他進路に関する悩み	41	55（1）	学校問題
3	親子関係の不和	30	42（3）	家庭問題
4	家族からのしつけ・叱責	26	26（6）	家庭問題
5	病気の悩み・影響（その他の精神疾患）	26	40（4）	健康問題
6	その他学友との不和	24	26（7）	学校問題
7	入試に関する悩み	21	18（8）	学校問題
8	病気の悩み・影響（うつ病）	20	33（5）	健康問題
9	失恋	16	16（9）	男女問題
10	その他交際をめぐる悩み	13	5（17）	男女問題

※児童生徒の自殺の原因・動機について、令和2年における10位の項目は「その他家族関係の不和」（家庭問題）16人。（令和元年の場合、「その他家族関係の不和」は11位（11人））

※同順位の項目が多く表に記載しきれない場合がある。　※小項目の「その他」は除く。
　※複数計上あり。

※自殺の多くは多様かつ複合的な原因及び背景を有しており、様々な要因が連鎖する中で起きている。
　（出典）厚生労働省「自殺の統計：各年の状況」を基に文部科学省において作成。

文部科学省「コロナ禍における児童生徒の自殺等対策について」
令和3年2月15日（令和3年3月26日更新版）[*1]より抜粋

■うつ病・精神疾患による自殺の増加

　コロナ禍での子どもの自殺の原因でうつ病や精神疾患が増加しています。実際、国立成育医療研究センターの調査[*2]においても、小学4年生以上の子どもの16％に中等度以上のうつ症状があるという結果でした。約6人に1人という非常に高い割合で、子どもが

うつ状態になっています。

　また、イライラを訴える子どもも多く、不登校も増加しています。これらの状態が、うつ症状のひとつの表れであることも多々あります。

■対人関係の希薄化

　対人関係においては、友だちとの時間が減った子どもが増えました。また、学校の先生に相談がしにくくなったと答える子どもも増えています。一人で過ごす時間が増えて、家族以外との直接の会話量も減っています。他者との直接的コミュニケーション量が減り、友だちや学校の先生との関係性が希薄になりがちであったことは、今後の子どもたちの対人関係にも何らかの影響を及ぼすであろうと考えられます。

図3　コロナ禍が子どもに与えた影響

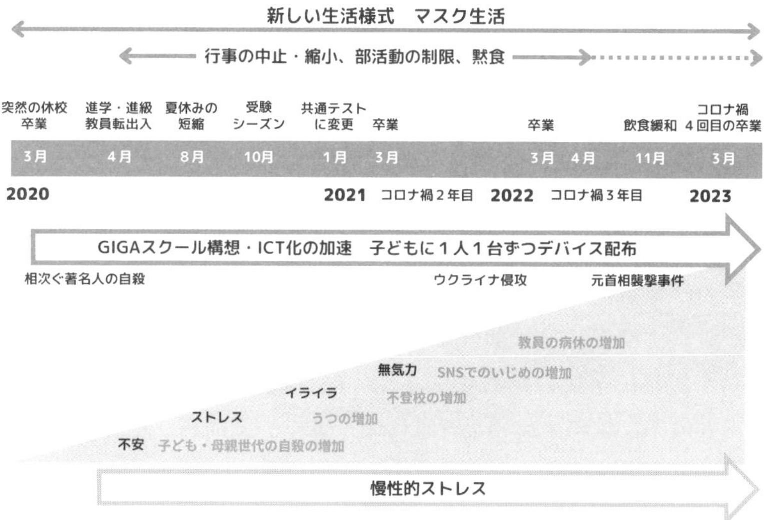

17

SOSの出し方授業などはここ数年で進んできてはいますが、この3年間で対面での会話に不慣れになってきてもいます。コロナ禍で孤立しがちだからこそ、学校の先生に相談をしてほしいと思います。

　たとえばこれまで起きた地震や津波等の災害において、子どもたちへの影響はその直後だけではなく、4〜5年後になって不登校が増えるなど、災害が発生した後に中長期的な影響があることが明らかになっています。
　これから、新型コロナウイルス感染症はインフルエンザと同じような扱いになっていきますが、3年間の自粛生活が子どもに与えた影響には、今後も注意が必要です。

6　コロナ禍における教職員のメンタルヘルス
■コロナ禍でのさらなる負担増による教職員の精神疾患増加
　コロナ禍でメンタルヘルスの不調をきたしたのは、児童生徒だけではありませんでした。2021年度の教育職員の精神疾患による病気休職者数は5,897人（全教育職員数の0.64％）で、2020年度（5,203人）から694人増加し、過去最多となっています[*3]。
　普段の業務に加え、感染予防対策、休校によるカリキュラムの変更、新型コロナウイルス感染拡大状況に合わせた行事の変更と、教職員の仕事量はコロナ禍で増えました。さらに、GIGAスクール構想がコロナ禍で一気に加速し、その準備と対応にも追われました。コロナ対策、学校の急激なICT化。精神疾患による病気休職者数が過去最高に跳ね上がった背景には、コロナ禍における仕事量の増加と仕事内容の変化もあると考えます。
　また、教員不足も指摘されており、2022年度の小学校教員採用

試験の受験者数は、4万636人でしたが、2023年度の小学校教員採用試験の受験者数は、1,995人少ない3万8,641人でした[*4]。受験者数が採用見込み数を下回る自治体もありました。

　もともと、公立学校では非正規雇用の教員が増え続けており、コロナ以前から教職員の配置は十分なものではありませんでした。文部科学省が2022年公表した「『教師不足』に関する実態調査」によると、全国の公立学校における非正規教員の割合は17.8％となっています[*5]。教員の5～6人に一人は非正規教員という計算です。学級担任も非正規雇用教員が担っている学校も少なくなく、その責任と処遇のギャップは大きいと考えます。

　過重労働の問題や教員不足の問題があったところに、コロナ禍でのさらなる負担で、精神疾患による病気休職者が増加するという悪循環です。

■ストレスを抱える日本の教員の状況

　OECD（経済協力開発機構）の国際教員指導環境調査（TALIS）は、教員および校長を対象に、2018年に調査を行っています[*6]。その中で、日本の教員の特徴として以下のようなことがあげられています。

①教員は事務的な業務や保護者の懸念への対処についてのストレスが高い。

②校長は、児童生徒の学力への責任や保護者の懸念への対処についてのストレスが高い

③小・中学校教員がストレスに感じることとして「事務的な業務が多すぎること（例：書類への記入）」が最も多く、中学校教員は52.5％、小学校教員は61.9％。次いで「保護者の懸念に対処すること」が多く中学校教員は43.5％、小学校教員は47.6％となっている。

④小・中学校校長がストレスに感じることとして「児童生徒の学力に対して責任を負っていること」が最も多く中学校校長は61.7％、小学校校長は58.7％。

⑤「特別な支援を要する児童生徒の環境を整えること」をストレスに感じる日本の中学校校長は45.2％、小学校校長は51.2％。

⑥日本の小・中学校教員の1週間当たりの仕事時間は最長。

⑦中学校の課外活動（スポーツ・文化活動）の指導時間が特に長い。

⑧一方、日本の小・中学校教員が職能開発活動に使った時間は、参加国中で最短。

⑨質の高い指導を行う上で、支援職員の不足や、特別な支援を要する児童生徒への指導能力を持つ教員の不足を指摘する日本の小・中学校校長が多い。

　以上の内容について、日本は調査参加国の平均を上回っており、授業以外の部分で教職員がストレスを抱えていることがうかがえます。そして、このような労働環境はコロナ以前からあり、コロナ禍でさらに悪化していったと考えられます。

　コロナ禍で子どもの精神疾患が増え、自殺が増えていますが、子どもたちを支える教師たちもまた、危機状態にあります。

■教員もSOSを出しながら安心・安全な学校で働ける環境を
　スクールカウンセラー（SC）やスクールソーシャルワーカー（SSW）の配置には地域格差があり、教師がカウンセラーの役割やソーシャルワークをしなければならない状況もあります。

　国会でも、SCの配置に関してはさまざまな意見が出ています。SC、SSWについて、「学校に常時いるわけではないので、心理や福祉などの専門知識を持った教師が常にいることによって、子どもたちの必要な時にいつでも相談できるような体制が必要」との指摘もありました[7]。これは、つまり教員がSCやSSWの役割を担え

るようになるとよいといった趣旨です。

　もちろん、教員がカウンセラー的マインドを持っていることは、教育者としては必要と私も感じますが、教員は教育について4年間学び、SCは心理学について4〜6年間学び、SSWは社会福祉について4年間学んだ専門職です。この3つの専門性を教員に押しつけてしまうことは、ますます教員の仕事量を増やすことになりますし、教育・心理・社会福祉に携わる専門職に対する冒涜だとすら思います。

　教員にマルチタスクを求めた結果、教員が専門分野の力を発揮できずにいるようにも感じます。日本の教員は事務的な業務や保護者対応などに追われており、残業時間も最も長いというTALISの結果は、今の教員の現状を象徴していると感じます。

　子どもたちもSOSを出すことが大事なように、教師もまた、自分にできることとできないことをしっかりと見極めて、SOSを出しながら、どこかにつながって、安心で安全な学校で働くことが大事だと思うのです。

7　コロナ禍での自殺急増からの教訓
■日々の子どもへの丁寧な対応で命をつなぐ

　若年層の自殺が一向に減らないなかで、なんら効果的な対策を打てずにきたところでのコロナ禍における自殺の急増です。子どもたちの自殺は大人たちの責任でしかありません。

　原因は複数であることを念頭に、経済問題、学業・進路問題、家庭内のDVや虐待など、従来の課題に一つひとつ丁寧に対応していくこと、そして、コロナ禍で子どもたちに起きてきたこと、とりわけ、自殺が急増している女の子たちについては性の問題もしっかりと対策を練っていかなければならないと思っています。

　日頃の対策は危機の状況下でその真価が問われます。そう思った

時、やはり、本書でこれから記すように、日々の子どもの困りごとへの対応を丁寧に丁寧に行い、命をつないでいくしかないのだと思っています。

【参考資料・参考サイト】

＊1　文部科学省「コロナ禍における児童生徒の自殺等対策について」2021年2月15日（令和3年3月26日更新版）
https://www.mext.go.jp/content/20200329-mext_
jidou01-000013730_005.pdf

＊2　国立研究開発法人国立成育医療研究センターコロナ×こども本部「『コロナ×こどもアンケート〉第7回報告書」2022年3月23日
https://www.ncchd.go.jp/center/activity/covid19_
kodomo/report/finreport_07_oth.html

＊3　文部科学省「令和3年度公立学校教職員の人事行政状況調査について（概要）」2022年12月26日
https://www.mext.go.jp/content/20230116-mxt-syoto01-
000026693_01.pdf

＊4　『朝日新聞デジタル』2023年1月20日

＊5　『東洋経済ONLINE』2022年6月16日、佐藤明彦著　特集「『非正規化』する教師」第2回「文科省が蓋をする『教師の非正規率』の衝撃実態」
https://toyokeizai.net/articles/-/596089

＊6　文部科学省・国立教育政策研究所「OECD国際教員指導環境調査（TALIS）2018調査結果vol.2」2020年3月23日
https://www.mext.go.jp/b_menu/toukei/data/Others/
1349189.htm

＊7　2023年1月30日、衆議院予算委員会
https://www.shugiintv.go.jp/jp/index.php?ex=VL&deli_id
=54318&media_type=

1章

子どもはなぜ
自殺するのか
——子どもの自殺を理解する

I 日本の子どもの自殺の現状

1 世界との比較に見る日本の子どもの自殺

■日本の子どもの幸福度と自殺率

　国際連合児童基金（ユニセフ）は2020年9月、先進・新興国38ヵ国に住む5〜19歳の子どもの幸福度を調査した報告書『レポートカード16——子どもたちに影響する世界：先進国の子どもの幸福度を形作るものは何か』を公表しました。38ヵ国中、日本の総合順位は20位でした。

　この評価は、死亡率や肥満の子どもの割合を比較する「身体的健康」、生活の満足度が高いと答えた割合や自殺率の数値を比較する「精神的幸福度」、読解力・数学で基礎的習熟度に達している割合や「すぐに友達ができる」と答えた子どもの割合を比較する「スキル」の3項目をそれぞれの指標から算出したものです。

　日本は「身体的健康」では1位でしたが、「精神的幸福度」は37位で、ワースト2位の結果となりました。「精神的幸福度」の指標の1つである「15歳の子どもの生活満足度」では、満足度の高い子どもの割合は62.2%（平均75.7%、1位はオランダの89.8%）でした。

　表1は、日本の2021（令和3）年における死因順位別にみた年齢階級別の死亡数・死亡率の構成割合です。これを見ると、10歳から39歳の年齢階級すべての死因の第1位が自殺となっています。また、小・中学生にあたる10〜14歳では死亡した子どもの約3割、15〜19歳では死亡者の約5割が、自殺が原因で亡くなっています。自殺による死亡者数自体は成人よりも少ないのですが、死因で自殺が占める割合は高いのです。

表1　令和3年における死因順位別にみた年齢階級別死亡数・死亡率・構成割合

年齢階級	第1位				第2位			
	死因	死亡数	死亡率	割合	死因	死亡数	死亡率	割合
10～14歳	自殺	128	2.4	29.0	悪性新生物	82	1.5	18.6
15～19歳	自殺	632	11.5	52.5	不慮の事故	161	2.9	13.4
20～24歳	自殺	1,284	21.8	58.8	不慮の事故	238	4.0	10.9
25～29歳	自殺	1,241	20.9	53.5	悪性新生物	225	3.8	9.7
30～34歳	自殺	1,179	19.0	41.2	悪性新生物	517	8.3	18.1
35～39歳	自殺	1,297	18.3	30.2	悪性新生物	946	13.4	22.0
40～44歳	悪性新生物	2,037	25.6	28.5	自殺	1,525	19.2	21.3
45～49歳	悪性新生物	4,295	45.0	31.4	自殺	1,943	20.4	14.2
50～54歳	悪性新生物	7,444	82.0	35.5	心疾患	2,788	30.7	13.3
55～59歳	悪性新生物	11,363	147.8	40.9	心疾患	3,534	46.0	12.7
60～64歳	悪性新生物	17,659	241.9	44.1	心疾患	5,110	70.0	12.8

出典：「令和3年（2021）人口動態統計月報年計（概数）の概況」を基に作成

　先のユニセフの報告書でも、15～19歳の子どもの自殺率について、38ヵ国を比較しています。リトアニア、ニュージーランド、エストニアのように自殺者の割合が10万人あたり10を超える国もありますが、自殺率が最も低いギリシャは1.4となっています。日本の子どもの10万人あたりの自殺率は7.5で、38ヵ国中12番めと、世界の中でも子どもの自殺率が高いことがわかります。13,000人に1人の子どもが自殺で亡くなっていることになります。

　図1は2019（令和元）年におけるOECD加盟国の15～24歳の自殺死亡率です。日本は加盟国38ヵ国中、男性は9番目、女性は

図1　令和元年におけるOECD加盟国15〜24歳の自殺死亡率

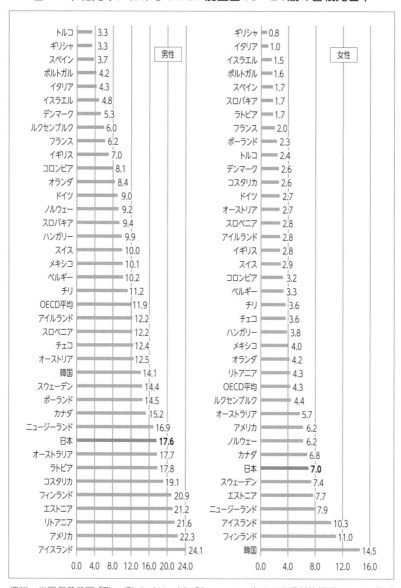

男性

トルコ	3.3
ギリシャ	3.3
スペイン	3.7
ポルトガル	4.2
イタリア	4.3
イスラエル	4.8
デンマーク	5.3
ルクセンブルク	6.0
フランス	6.2
イギリス	7.0
コロンビア	8.1
オランダ	8.4
ドイツ	9.0
ノルウェー	9.2
スロバキア	9.4
ハンガリー	9.9
スイス	10.0
メキシコ	10.1
ベルギー	10.2
チリ	11.2
OECD平均	11.9
アイルランド	12.2
スロベニア	12.2
チェコ	12.4
オーストリア	12.5
韓国	14.1
スウェーデン	14.4
ポーランド	14.5
カナダ	15.2
ニュージーランド	16.9
日本	**17.6**
オーストラリア	17.7
ラトビア	17.8
コスタリカ	19.1
フィンランド	20.9
エストニア	21.2
リトアニア	21.6
アメリカ	22.3
アイスランド	24.1

女性

ギリシャ	0.8
イタリア	1.0
イスラエル	1.5
ポルトガル	1.6
スペイン	1.7
スロバキア	1.7
ラトビア	1.7
フランス	2.0
ポーランド	2.3
トルコ	2.4
デンマーク	2.6
コスタリカ	2.6
ドイツ	2.7
オーストリア	2.7
スロベニア	2.8
アイルランド	2.8
イギリス	2.8
スイス	2.9
コロンビア	3.2
ベルギー	3.3
チリ	3.6
チェコ	3.6
ハンガリー	3.8
メキシコ	4.0
オランダ	4.2
リトアニア	4.3
OECD平均	4.3
ルクセンブルク	4.4
オーストラリア	5.7
アメリカ	6.2
ノルウェー	6.2
カナダ	6.8
日本	**7.0**
スウェーデン	7.4
エストニア	7.7
ニュージーランド	7.9
アイスランド	10.3
フィンランド	11.0
韓国	14.5

資料：世界保健機関「The Global Health Observatory」より自殺対策推進センター作成

出典：「令和4年版自殺対策白書」を基に作成

7番目に自殺死亡率が高くなっています。

■若者の死因の第1位が自殺なのは、G7では日本だけ

　表2は先進国の年齢階級別死亡者数および死亡率で、10～19歳の死因の上位3位を、先進国（G7）日本、アメリカ、フランス、ドイツ、カナダ、イギリス、イタリアおよび韓国で比較したものです。10～19歳の若い世代で死因の第1位が自殺となっているのは、G7では日本のみです。韓国と日本を除くすべての国の若者の死因第1位は「不慮の事故」であり、日本の若者の死因の第1位が自殺なのは、他の先進国とは異なることがわかります。自殺の死亡率（10万人当たりの死亡数）を見ると、最低はイタリアの1.5で、日本はその約4倍にあたる5.9です。

　視点を変えて、この比較の表をアメリカのデータで見てみましょう。アメリカもまた、他の国と少し違うデータを示しています。死因の第1位は確かに他の国同様「不慮の事故」なのですが、その死亡率は10.3で日本（2.3）の約4.5倍です。さらに、他のどの国にも見られない死因「他殺」が第3位に入っています。データが示すものは、アメリカという国は多くの若者が事故で亡くなり、また他殺で命を落とす社会だということです。

　国民が何が原因で亡くなっているのかという数字は、社会の縮図を表しているようなものだと私は思っています。そうすると、日本という国は若者が自殺に追い込まれる社会であるということが言えるでしょう。日本は若者が何かに追い込まれ、自ら死を選ばなくてはならない、そんな社会なのです。

■「自殺対策基本法」施行後も減らない児童生徒の自殺者数

　ここまでで、諸外国の中でも日本では自殺で亡くなる若者が多いことがわかりました。もう少し詳しく内訳を見てみます。

表2　先進国（G7）の年齢階級別死亡数及び死亡率
（10〜19歳、死因の上位３位）

	日本（2019）死因	死亡数	死亡率	アメリカ（2019）死因	死亡数	死亡率
第1位	自殺	653	5.9	不慮の事故	4,287	10.3
第2位	不慮の事故	257	2.3	自殺	2,744	6.6
第3位	悪性新生物	224	2.0	他殺	2,058	4.9

	フランス（2016）死因	死亡数	死亡率	ドイツ（2020）死因	死亡数	死亡率
第1位	不慮の事故	412	5.2	不慮の事故	288	3.8
第2位	悪性新生物	180	2.3	自殺	179	2.4
第3位	自殺	152	1.9	悪性新生物	157	2.1

	カナダ（2016）死因	死亡数	死亡率	イギリス（2019）死因	死亡数	死亡率
第1位	不慮の事故	276	7.0	不慮の事故	299	3.9
第2位	自殺	232	5.9	自殺	211	2.8
第3位	悪性新生物	104	2.6	悪性新生物	153	2.0

	イタリア（2017）死因	死亡数	死亡率	【参考】韓国（2019）死因	死亡数	死亡率
第1位	不慮の事故	302	5.2	自殺	298	5.9
第2位	悪性新生物	192	3.3	不慮の事故	139	2.8
第3位	自殺	85	1.5	悪性新生物	109	2.2

注）アメリカ、フランス及びカナダの人口は、世界保健機関より最新データが得られなかったため、最新の死亡データに合わせて各国の国勢調査等のデータを利用した。

注）死因順位の分類は人口動態統計と同様、死因簡単分類表を用いた。

注）「死亡率」とは、人口10万人当たりの死亡数をいう。

資料：世界保健機関資料（2022年2月）より厚生労働省自殺対策推進室作成

出典：「令和４年版自殺対策白書」を基に作成

　図2は児童生徒の自殺者数の推移です。小、中、高と年齢が上がるごとに自殺者数は多くなります。自殺対策基本法ができた2006（平成18）年を基準に推移を見てみると、総数は2006（平成18）年が315人、2022（令和4）年は514人と増えています。小学生はだいたい10人前後で推移し、多い年で18人（2014〈平成26〉年）、少ない年は1人（2009〈平成21〉年）とばらつきがみられます。中学生は2006（平成18）年が81人、2022（令和4）年が143人で、2013（平成25）年頃から100人前後で推移しており、若干増えたまま横ばいです。高校生は2006（平成18）年が220人で2022（令和4）年は354人と、過去、最悪の数字となっています。

　法整備がされた後も、児童生徒に対する自殺対策が全く功を奏していないことが明確にわかります。

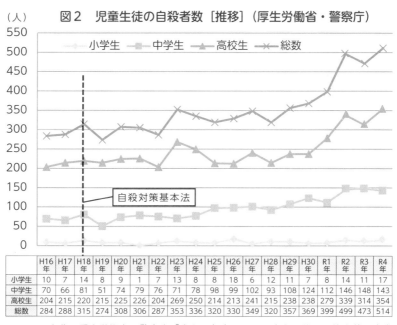

図2　児童生徒の自殺者数［推移］（厚生労働省・警察庁）

	H16年	H17年	H18年	H19年	H20年	H21年	H22年	H23年	H24年	H25年	H26年	H27年	H28年	H29年	H30年	R1年	R2年	R3年	R4年
小学生	10	7	14	8	9	1	7	13	8	8	18	6	12	11	7	8	14	11	17
中学生	70	66	81	51	74	79	76	71	78	98	99	102	93	108	124	112	146	148	143
高校生	204	215	220	215	225	226	204	269	250	214	213	241	215	238	238	279	339	314	354
総数	284	288	315	274	308	306	287	353	336	320	330	349	320	357	369	399	499	473	514

出典：厚生労働省・警察庁「令和4年中における自殺の状況」等を基に作成

2 何が子どもを自殺に追い込むのか
■日本の子どもが自ら死を選ぶ理由

　では、日本の子どもたちはどのような理由で自殺に追い込まれているのでしょうか。**図3**は小・中・高校生の自殺者における原因・動機別の件数推移です。2021（令和3）年における自殺の原因・動機の第1位は「学校問題」、次いで「健康問題」、「家庭問題」と続きます。どの項目もさほど変化はないように見えますが、「健康問題」に関しては若干上昇しており、過去10年で最悪です。

　次に、自殺の原因・動機を校種別に見てみます。なお、自殺の原因・動機は、遺書などが残っておりそれが特定されたものだけを分

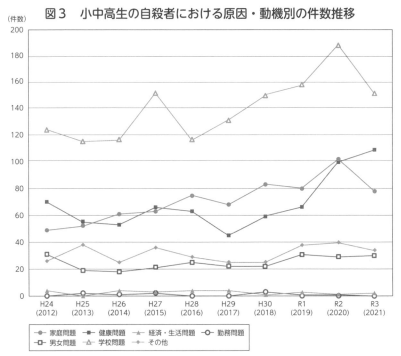

図3　小中高生の自殺者における原因・動機別の件数推移

出典：警察庁「自殺統計」を基に作成

30

析したものです。遺書などの判断資料がない比率は、11歳〜14歳では46％〜35％であるのに対し、15歳以上では25％前後であり、年齢が低いほど残っていないことが多いため、ここでの分析結果が全てではないということをまず前置きしておきます。

■小学生の自殺の最大の原因は「家族からのしつけ・叱責」

　まず小学生を見てみると、男子小学生では「家族からのしつけ・叱責」の比率が高く、次いで「学校問題その他」「その他学友との不和」「学業不振」が続きます。「学校問題その他」とは、学校問題のうち、「入試に関する悩み」「その他進路に関する悩み」「学業不振」「教師との人間関係」「いじめ」「その他学友との不和」以外のもの

図4　小学生、中学生における自殺の原因・動機の割合
（対象期間：2009〈平成21〉年〜2021〈令和3〉年）

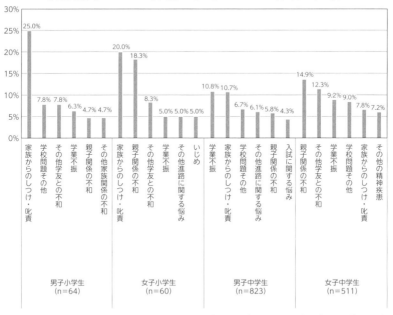

出典：「令和4年版自殺対策白書」を基に作成

です。

　女子小学生では、「家族からのしつけ・叱責」と「親子関係の不和」が多く、「その他学友との不和」が続きます。男女とも、小学生における自殺は、家庭問題に起因するものの比率が高くなっているのがわかります。男子と女子の統計を合わせると、小学生の自殺の原因の第1位は「家族からのしつけ・叱責」です。ただし、低年齢ほど遺書などが残っておらず、より詳細な実態を把握することに限界があるのも事実です。

■中学生の自殺の主な原因は「学業不振」と「家庭問題」

　次に中学生を見てみると、男子中学生に関しては、「学業不振」が最も比率が高く、「家族からのしつけ・叱責」「学校問題その他」「その他進路に関する悩み」が続きます。

　女子中学生は、「親子関係の不和」が最も多く、「その他学友との不和」が続き、男子中学生に比べてその比率は低いものの「学業不振」が3番目に多い理由となっています。男子と女子の統計を合わせると、中学生の自殺の原因の第1位は「学業不振」、次いで「家族からのしつけ・叱責」が多くなっています。

　小・中学生の場合は家庭問題が自殺の大きな原因・動機になっており、家族内でどのようなコミュニケーションがなされているのか、どのようなしつけがなされているのか、子どもたちの自尊感情を傷つけるような会話になっていないか、見直す必要があります。

　なお、この統計上の「家族からのしつけ・叱責」や「親子関係の不和」といった要因は、いわゆる児童虐待とは区別されて計上されているものです。つまり、小・中学生の自殺は、虐待といった社会的に問題となるようなことが原因で起きているわけではなく、ごく普通にどこの家庭でもあるようなコミュニケーションに起因しているということです。自殺が、特別な問題を抱える家庭だけではなく、

どの家庭でも起こり得るものであるということを、私たちはしっかりと認識しておかなければならないでしょう。

■高校生の自殺の最大の原因は「進路問題」

　次に高校生を見てみましょう。男子高校生では、「学業不振」や「その他進路に関する悩み」といった学業や進路に関する原因・動機の比率が高くなっています。進学や就職などの人生の選択をしなければならない時期にあって、強い不安や大きなプレッシャーを抱えていることが伺えます。

　女子高校生では、「うつ病」「その他の精神疾患」の比率が高く、また男子高校生と同じように「その他進路に関する悩み」の比率も高くなっています。小・中学生と異なり、高校生では「うつ病」が

図5　高校生における自殺の原因・動機の割合
（対象期間：2009〈平成21〉年～2021〈令和3〉年）

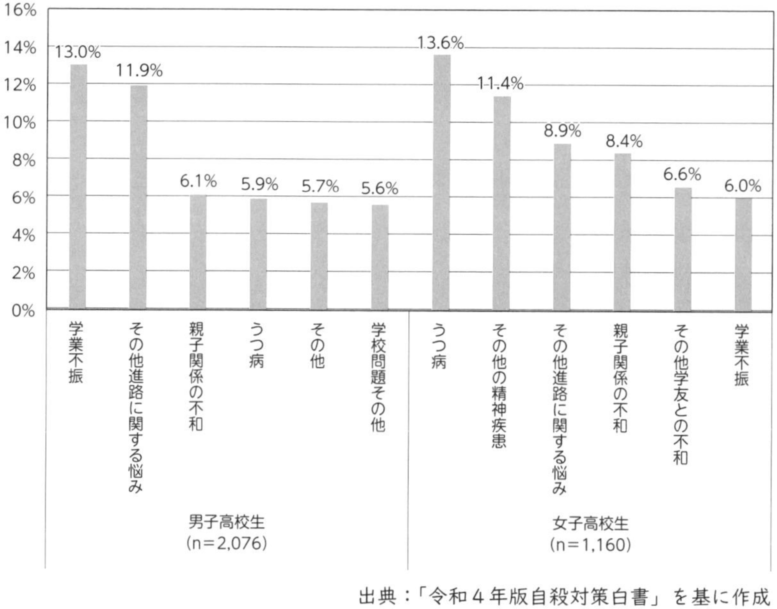

出典：「令和4年版自殺対策白書」を基に作成

原因・動機として一定の比率で見られますが、うつ病もその他の精神疾患もいきなり発症するわけではありません。うつ病に至るまでに、子どもたちは何らかの生きづらさを抱えています。また、「うつ病」と同時に計上されている原因・動機として、「健康問題」「家庭問題」「学校問題」があります。これらを考慮し、高校生の自殺の原因を男女合計で見ると、「進路問題」が自殺の原因・動機として最も多くなっているといえます。

■自殺の原因を「いじめ」ととらえる発想の危険性

　子どもの自殺の原因・動機のデータを見て、意外と「いじめ」が少ないと感じた方は少なくないと思います。子どもの自殺の原因はいじめが圧倒的に多いようなイメージがあったのではないでしょうか。

　「いじめ」は、自殺の原因・動機に占める比率としては上位ではありません。もちろん、いじめが直接的・間接的な原因で死を選ぶ子どもたちもいますし、トラウマを抱えるなど、成長過程で生きづらさとして影響を与えるので、いじめの対策は自殺対策としても必須です。2013（平成25）年9月に施行されたいじめ防止対策推進法においても、児童生徒の自殺がいじめに起因する疑いがあるときは「重大事態」として事実関係を明確にするための調査をすることが義務づけられています。

　一方で、ここで私が問題にしたいことは、私たち大人が「子どもの自殺の原因」といえば「いじめ」という発想だけにとどまることの危険性です。図4・5のデータが示すように、子どもの自殺の原因・動機の多くは児童生徒間のトラブルである「いじめ」よりも、親をはじめとする家族からの叱責であったり、授業についていけないなど学業不振であったり、進路に悩んでいたりと、全て大人が関わっているものです。親がどんなふうに子どものしつけをしている

か、学校の教師が学業不振の児童生徒にどのようなサポートをしているのか、親や教師が子どもたちを進路のことで追い込んでいないか、大人たちの対応が問われているのです。

■大人が変わらなければ、子どもの自殺は減らない

　教育現場では、子どもたちへの「SOSの出し方教育」プログラムが推進されていますが、子どもたちがSOSを出した時に、大人たちがしっかりSOSを受け止められるかどうかが問われます。また、それ以前に、自分たちが子どもたちを生きづらくさせ、自殺に追い込んでいないかということを見直す必要もあります。子どもたちの悩みに真摯に耳を傾け、SOSをしっかり受け止める大人が増えない限り、子どもの自殺は減りません。

　大人が変わらない限り、子どもの自殺は減らないということは、逆に言うと、大人の対応が変われば、子どもの自殺は今よりは必ず減るということです。私はそう確信しています。

■自殺の原因は1つには絞れない

　子どもの自殺の原因について、1点だけ強調しておきたいことがあります。それは、自殺に至るまでのプロセスは複雑であるということです。大人の自殺に関するデータでは、1人の人の自殺には4つ以上の要因があるということがわかっています。

　たとえば、ある人が仕事上の悩みがあり、解決できずに仕事を辞めました。収入がなくなったため経済苦となり、借金をするようになりました。妻にそれがばれてしまい、妻との折り合いが悪くなりました。不眠などの症状を訴え、うつ病と診断されて通院していましたが、ある時、自ら命を絶ちました。

　このような人がいたとして、自殺に至った原因は「これ」と1つに断定できません。この人の場合、自殺に至った原因として考えら

れるものは、①仕事で自信をなくした、②失業（年齢によっては再就職も難しい）、③借金、④夫婦間の問題（そもそもあったかもしれない）、⑤うつ病と、少なくとも5つがあげられます。

　この中のどれが「原因」とは断定できませんし、自殺の原因はこの事例が示すように複合的なものなのです。

　子どもの自殺についても同じようなことがいえます。たとえば、進路問題を動機として生徒が自殺をした時に、進路指導の翌日に自殺をしたら、あたかも指導した先生が原因かのように報道されがちです。しかし、進路問題は①進路に関する親との希望の相違、②経済問題、③友人との葛藤、④きょうだいとの比較、⑤発達障害や学習障害など、いろいろな要素が絡んできます。1つには絞れないのです。

■自殺後に、新たな自殺者を出さないために大切なこと

　WHOは自殺が起きてしまった後の対応として、「原因を限定しない」ということをあげています。自殺の原因を1つに絞ってしまうと、さまざまな弊害や2次的な傷つきが生じるのです。

　自殺の原因を限定しようとすると、犯人捜しのようになってしまいます。たとえば、「あの子がいじめていたらしい」とか「あの先生の指導が厳しいのが辛かったらしい」というように、最初は「〜らしい」という憶測だったものが、犯人捜しの空気の中ではいつの間にか「いじめられて自殺した」「指導が厳しくて辛くて自殺した」と断定的な話になったりします。

　「自殺の原因」として限定されると、その人が自殺を引き起こした犯人のようになるわけです。いじめをしたとされる生徒や、厳しい指導をしたとされる教師がバッシングを受けるようになります。このバッシングは学校や地域だけではなく、ネット上でも繰り広げられます。最近の傾向では、私もあの子からいじめられた、私もあ

36

の先生の指導で泣いたとハッシュタグ付きで拡散され、匿名の賛同者が増大していきます。このような状況になると、自殺の原因とされた人物は精神的にも社会的にも追い込まれます。今度はこの人たちの自殺のリスクが上がってしまうのです。

　自殺が起きてしまった場合に、再びそのようなことが起きないように原因を考えることはとても大事ですが、「原因は複数である」ということを前提に再発防止をすることが大切です。

　自殺が起きてしまった後に最も大事なことは、それ以上誰も傷つかないということと、このことで新たな自殺者を出さないということです。１人の児童生徒が自ら命を落とすと、周りの全ての人の心が傷つきます。これ以上の痛みはないと思うほど、心が痛みます。ですから、もうそれ以上誰も傷ついてはならないのです。もう誰も死んではならないのです。それは、自殺が起きた後、私たちが一番大切にしなければならないことだと私は思っています。

【参考資料・参考サイト】
●ユニセフ報告書『レポートカード16——子どもたちに影響する世界：先進国の子どもの幸福度を形作るものは何か（原題：Worlds of Influence: Understanding what shapes child well-being in rich countries）』2020年9月
https://www.unicef.or.jp/news/2020/0196.html

●「令和4年版自殺対策白書」厚生労働省
https://www.mhlw.go.jp/stf/seisakunitsuite/bunya/hukushi _kaigo/seikatsuhogo/jisatsu/jisatsuhakusyo2022.html

●「令和4年中における自殺の状況」厚生労働省・警察庁
https://www.mhlw.go.jp/stf/seisakunitsuite/bunya/hukushi_ kaigo/seikatsuhogo/jisatsu/jisatsu_year.html

※日本の子どもの自殺と自殺対策に関する資料は174頁からの【資料編】でも紹介していますので、あわせてご参照ください。

2 「自殺予防」の考え方

1 子どもの自殺は減らせるのか

■交通事故はなぜ減ったのか

1960〜70年代にかけて、交通戦争といわれた時代がありました。1959（昭和34）年に交通事故による死者数が1万人を突破して以降、死者数は増加の一途をたどり、1970（昭和45）年には1万6,765人とピークを迎えます。それから50年後、2021（令和3）年の全国の交通事故死者数は2,636人で、1948（昭和23）年以降の統計で最少となりました。日本は50年間で交通事故による死者を約6分の1にまで減らしたのです。

これを自殺に置き換えると、自殺が最も多かった2003（平成15）年の3万4,427人が6,000人にまで減る計算になります（実際の2021年現在の自殺者数は2万1,007人）。

日本は50年の間にどのようにして交通事故死を減らしていったのでしょうか。

まずハード面で考えると、横断歩道・信号機・ガードレール・歩道橋・歩道の拡張などの道路の整備があげられます。ソフト面で考えると、子どもたちへの交通安全教育、免許更新時の講習の義務化、自転車に乗る際のヘルメットの着用などの啓発があげられます。1959（昭和34）年からは、小学校の通学路上に立って、子どもたちの通学の安全確保に当たる学童擁護員（いわゆる「緑のおばさん」）が導入されました。黄色い旗を持って交差点で登校時の児童を見守る地域のセーフティネットで、今ではPTAの保護者や地域の方たちが担っています。

さらに、法的にもシートベルト着用の義務化、飲酒運転への罰則

強化、危険運転致死傷罪の新設、チャイルドシートの義務化などの後押しがありました。さらに、車自体もエアバッグや運転支援システムの普及、衝突安全ボディなど、より安全に進化しました。救急医療の進歩もまた、交通事故死の減少に大いに寄与してきました。このように、さまざまな角度からできることをコツコツと積み重ねた結果が、交通事故死6分の1なのです。

■ハード面・ソフト面の仕組みを変える

　子どもの自殺予防も同じです。電車のホームに保護柵を設置したり、窓に転落防止柵を取り付けるなどのハード面、ストレスや心の病気に関する啓発教育、SOSの出し方教育、いじめのないクラスづくりなどのソフト面。これらのことを一つひとつ丁寧にやることで、自殺は必ず減らせるのです。

　実は、交通事故そのものはそこまで減ってはいません（**図1**）。

図1　道路交通事故による交通事故発生件数、死者数、負傷者数の推移

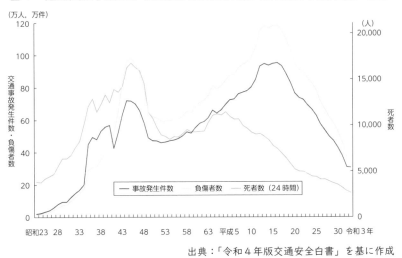

出典：「令和4年版交通安全白書」を基に作成

事故発生件数と平行して、負傷者数も増減しています。車がある限り、交通事故は起きます。ただ、交通事故が起きた時、死者が出ない仕組みができてきたことで、以前よりダメージが少なくなったということです。

自殺に関しても、同じことがいえます。生きている限り、失敗や失恋、悲しい思いやつらい経験をすることは必ずあります。そんな時に、ダメージが少なくて済むような仕組みがあったり、心理的危機の際の対処法を子どもたちが知っていたりすることで自殺を減らすことができます。

2　私たちにできる自殺予防とは～生きづらさを考える～
■「死にたい」の手前の「生きづらさ」の要因

自殺予防・自殺対策というと、重いテーマであり、とてもデリケートなことなので、どのようにそれと向き合っていいのか、あるいは子どもたちとそのことを話題にしていいのか、戸惑う方も多いと思います。

[1]で見てきたように、子どもの自殺の原因・動機の多くは、家族からの叱責、学業不振、進路問題といった、私たちが日々目にしている子どもたちの困りごとやつまずきです。いきなり「死にたい」となるわけではなく、親とうまくいかないとか、友達とうまくいかない、部活でレギュラーから外されたなど、小さな喪失体験や悲しい出来事の積み重ねや、コミュニケーションがうまく取れない、家庭で経済問題があるなどの生きづらさから始まります。それらがストレスとなり、うまくストレス解消ができないと、うつ病や適応障害といった心の病となり、自殺へとつながっていきます。

「死にたい」よりももっと手前の「生きづらさ」に対して丁寧な手当てをすることにより、結果として自殺が減ります。

人を生きにくくさせる要因、生きづらさには「個人的要因」と「社

会的要因」があります（**図2**）。「個人的要因」としては、たとえば、頑固で融通が利かなかったり、極端にまじめ過ぎたりするなどの性格は生きづらさの要因となるでしょうし、学習障害や発達障害などの障害、心身の疾患なども生きづらさの一因となるでしょう。また、偏った思考や陥りがちな感情も対人関係上で問題が生じやすくなります。それらが成育歴からくる場合もあります。

　「社会的要因」としては、家族間の不和・虐待・ＤＶなどの問題や経済的な問題、また本人の意に沿わない文化や慣習もその子らしさを損なう生きづらさの要因となります。そのような悩みを抱える子どもたちへのサポートの不足というのも、子どもたちの生きづらさを助長します。

図2　生きづらさの要因

生きづらさ
【個人的要因】性格・成育歴・障害・疾患・価値観・思考・感情
【社会的要因】家庭問題・対人関係（コミュニケーション）・
　　　　　　　経済的問題・文化・慣習・サポートシステムの不足

■生きづらさには複数の要因が絡んでいる

　たとえば、進路について悩んでいる生徒がいるとします。この生徒がどんな生きづらさを抱えているかに焦点を当てて考えてみます。

　勉強不足で学力が追いついていないのかもしれません。この勉強

不足は、学習障害によるものかもしれません。

　あるいは経済的な困窮という生きづらさを抱えているかもしれません。親と不和で進路の話ができないのかもしれませんし、それを相談できる教師がいないのかもしれません。もしかしたら友達や恋人との関係で悩みがあって勉強に集中できないのかもしれません。

　このように「進路問題」といっても、複数の生きづらさの要因が絡んでいます。進路で悩んでいる子どもに対して、この子の抱える生きづらさは何だろう？　と考えながら一緒に解決していくことで、自殺の要因が少なくなっていくのです。

3　子どもの自殺と自尊感情

■「基本的自尊感情」と「社会的自尊感情」

　日本の子どもたちの自殺の原因を自尊感情の視点から見てみましょう。

　図3は近藤卓先生（日本ウェルネススポーツ大学教授）の自尊感情理論の図です。近藤先生は自尊感情には「基本的自尊感情」と「社会的自尊感情」の２つがあるとしています。

　「基本的自尊感情」は、成功や優越とは関係なく、自分をかけがえのない存在として丸ごと認められるもので、「生まれてきてよかった」「自分に価値がある」「このままでいい」「自分は自分」と思える感情です。他者との比較ではなく、絶対的かつ無条件で、根源的で永続性のある感情です。これが弱いと、自分自身のいのちの大切さに確信が持てないといいます。

　「社会的自尊感情」とは、うまくいったり、ほめられたりすると高まり、失敗したり叱られたりすると低くなるもので、「できることがある」「役に立つ」「価値がある」「人より優れている」と思える感情です。こちらは、「基本的自尊感情」と対照的に他者と比較して得られるもので、相対的、条件的、表面的で際限がなく一過性

図3　自尊感情理論

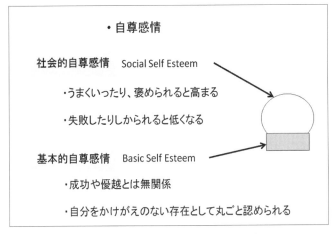

出典：近藤卓『子どもの自尊感情をどう育てるか』ほんの森出版

の感情です。

■子どもの自殺の原因を自尊感情から考える

　日本の子どもの自殺の原因を自尊感情にあてはめて考えてみましょう。

　①で見たように、自殺の原因・動機の第1位は小学生が「家族からのしつけ・叱責」、中学生が「学業不振」、高校生が「進路問題」でした。親から叱られる、成績が落ちる、思ったような進路に進めない、これらはすべて失敗体験で、「社会的自尊感情」を損なう経験となります。

　親から叱られて自分は価値のない人間だと思ってしまう、成績が落ちて自分はダメな人間だと思う、希望の進学先に行けず自分は生きている価値がないと思ってしまう。「社会的自尊感情」が損なわれた時、自分自身に意味や価値を見出せないのが自殺を選んでしまう子どもたちの自尊感情なのだと思われます。

本人の自尊感情もさることながら、日本の子どもたちを取り巻く環境は、失敗した時に精神的に追い込まれる過酷なものであるともいえるでしょう。

■自尊感情の４つのパターン

　自尊感情のバランスは、**図４**に示すように４つのパターンに分けられます。Ａは「基本的自尊感情」が大きく「社会的自尊感情」が小さいパターンで、他者の評価はあまり関係なくマイペースに過ごすタイプです。Ｄはその逆で、他者からの評価で自分の価値が決まるので、いつも不安でいろんなことをがんばって他者の評価を上げ、自尊感情を上げようとします。

　Ｂは「基本的自尊感情」と「社会的自尊感情」の両方が大きく、安定しています。逆にＣは両方とも小さく、常に自信がないタイプ

図４　自尊感情の４つのパターン

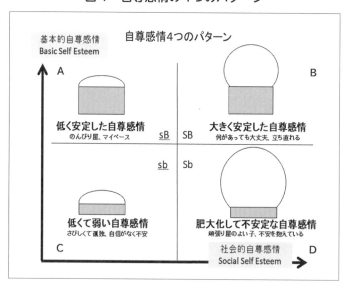

出典：近藤卓『子どもの自尊感情をどう育てるか』ほんの森出版

で、自分自身をありのままに受け入れられないうえに、他の人からも評価されていると感じていません。

　自殺に追い込まれる子どもたちの自尊感情のパターンは、A〜Dの中ではDのタイプが多いと思われます。がんばってがんばって他者からの評価で「社会的自尊感情」を上げ、自分の存在意義を見出していますが、「基本的自尊感情」が低いため、叱られたり失敗したりして「社会的自尊感情」も低くなった時に、自分に存在価値がないと思ってしまいます。親に叱られたり、成績が落ちたりして「社会的自尊感情」が低くなっても、「やり直しが効くさ」とか「自分はそれでも大丈夫」と思える「基本的自尊感情」があれば、自ら死を選ぶという選択はないはずなのです。

■自殺リスクを下げるには「基本的自尊感情」を伸ばす

　たとえば、**図4**のAのパターンのように「社会的自尊感情」は低くても、「基本的自尊感情」がしっかりしていれば、その自尊感情は揺るぎないものであるので自分を保つことができます。「社会的自尊感情」も、その後の努力次第で大きくすることもできます。

　このように、自殺予防の観点から自尊感情を考えた時、ほめて伸ばす「社会的自尊感情」を引き上げることだけにとらわれていると、失敗した時に立ち上がる力が育まれず、自殺のリスクが上がってしまいます。失敗しても大丈夫と思える「基本的自尊感情」が備わっていれば、自殺のリスクが下がると考えられます。

　「社会的自尊感情」は成績が伸びたり、スポーツで勝ったり、あるいはほめられたりすることなどで伸ばすことが可能です。とても簡単に伸びるものの、失敗すると急にしぼんでしまうものです。一方で「基本的自尊感情」は短期間で伸ばすことができるものではなく、信頼関係の中で少しずつ育んでいくものです。

　教育現場では、成績や順位で日々評価されることが多く、どちら

かというと「社会的自尊感情」にアプローチするかかわりが多くなります。「基本的自尊感情」をどのように教育現場で伸ばしていけるのか、2章（60頁）で解説します。

【参考引用文献】
●近藤卓『子どもの自尊感情をどう育てるか―そばセット（SOBA-SET）で自尊感情を測る』ほんの森出版、2013年

●近藤卓『乳幼児期から育む自尊感情―生きる力、乗りこえる力』エイデル研究所、2015年

2章

どうしたら
子どもの自殺を
止められるのか
——教師ができる自殺予防

Ⅰ 1次予防：予防のための環境整備と教育

1 自殺予防の枠組み

■自殺予防の3段階の取り組み

　自殺予防は1次〜3次に分けて取り組みがなされています（**表1**）。

　1次予防は事前予防で、自殺防止のための環境整備や情報提供・普及啓発などがあります。自殺企図のリスクの高い場所のリスク回避、たとえば駅のホームに柵を設置したり、高いビルからの飛び降り自殺を防ぐための柵を設けるなどがこれにあたります。

　また、市町村、保健所、精神保健福祉センター等を通じて、リーフレット等により各種相談窓口に関する情報を市民に提供することや、うつや不眠症などの市民への啓発、強化月間などのキャンペーンで意識を高めることなども1次予防になります。

　2次予防は危機対応で、自殺の兆しを早期に発見するため、相談やストレスチェックなどのスクリーニングを行ったり、死にたいという人への対応をしたりすることです。自殺相談専用ダイヤルやいのちの電話などで死にたいという人の話を聞き、自殺を予防します。

　また、ゲートキーパーと呼ばれる、地域や職場、教育、その他さまざまな分野において身近な人の自殺のサインに気づき、話を傾聴し、必要に応じて専門相談機関につなぐなどの役割を担える人材養成も2次予防に含まれます。さらに精神科でカウンセリングや薬物療法を行うなど、専門家による危機介入もあります。

　3次予防は事後対応で、自殺企図が実際に起こった後の対応です。自殺企図を二度と繰り返さないための自殺未遂者へのケアや、自殺が実際に既遂されてしまった場合の遺族へのケアと支援の充実に向けた取り組みです。

表1　自殺予防の枠組み

	自殺予防の取り組み例	学校における自殺予防
1次予防：事前予防	①自殺防止のための環境整備 ・自殺を防ぐ環境整備 ・職域・地域・学校における取り組み（ハラスメントやいじめ予防など） ②自殺予防のための情報提供と普及啓発 ・自殺予防に関する情報提供 ・心の健康の啓発 ・自殺対策強化月間における啓発事業の実施	①自殺防止のための環境整備 ・学校の屋上や階段・踊り場などの転落防止 ・いじめ予防の学級づくり・啓発 ・児童生徒の家庭環境などの掌握・相談できる環境づくり ②自殺予防のための情報提供と普及啓発 ・悩みの相談窓口の情報提供 ・スクールカウンセラーや養護教諭による心理教育および相談 ・SOSの出し方教育 ・自殺予防教育（コミュニケーション・いじめ予防・レジリエンス教育など）
2次予防：危機対応	①相談・支援による自殺の防止 ・相談窓口・支援体制の設置 ・相談機関の連携・協力の強化 ・自殺防止のための人材育成（ゲートキーパーなど） ②ハイリスクへのサポート ・ハラスメント対応 ・性犯罪・性暴力の被害者への支援の充実など ・適切な精神科医療の受診確保	①相談・支援による自殺の防止 ・各種相談窓口の設置（学業・交友関係・経済など） ②ハイリスクへのサポート ・いじめやハラスメントに関する相談 ・養護教諭やスクールカウンセラーによるカウンセリング ・家庭に問題のある子どもなどハイリスクの子どもへのサポート ・精神科医療との連携
3次予防：事後対応	①自殺未遂者へのケアと再発防止 ・自殺未遂者への精神的ケアの充実 ・自殺未遂者支援に関する人材育成 ②遺族へのケアと支援の充実 ・遺族等への総合的な支援の充実 ・自死遺族のわかちあいなどのグループ ・遺族支援に関する人材の育成	①自殺未遂の子どものケアと再発防止 ・家族と学校の連携の強化 ・再発防止のための取り組み ②自殺が起きた後のサポート ・自死遺児のケア ・在校生が自殺した場合の支援 ・自死遺族・自死遺児支援団体との連携

■「自殺」と「自死」の表現

　なお、自殺対策において、１次予防と２次予防および自殺未遂者のサポートに対しては「自殺」という用語が用いられますが、大切な人を自殺で亡くした遺族支援に関しては「自死」という言葉が用いられています。

　「自殺」と「自死」の表現をめぐっては、自殺対策基本法ができる頃からさまざまな議論がなされました。自殺という言葉の「殺」という言葉がショッキングな言葉であったり、犯罪を連想させてしまったりする、ひいては偏見や差別を助長するなどの意見があり、遺族を中心に「自殺」という言葉を使わずに「自死」に言い換えてほしいという要望もありました。自治体によっては「自死」という言葉で統一する動きもありましたが、現在は、遺族に関連する時のみ、自死遺族、自死遺児など「自死」という言葉が使われています。本書でも遺族・遺児支援に関しては「自死」という用語を使うこととします。

2　学校における１次予防

■ソフト面の環境整備が重要

　学校における１次予防には、①自殺防止のための環境整備と②自殺予防のための教育・啓発があります。　自殺防止のための環境整備はハード面とソフト面の双方が必要です。

　ハード面では、学校の屋上や階段・踊り場などの転落防止をしたり、死角になるような場所を作らないようにしたりすることなどがあります。また、児童生徒がSNSで相談できるようなネット環境を整えることなども含まれます。

　ハード面もさることながら、学校で特に重点を置かなければならない１次予防は仕組み・意識・人材・教育といったソフト面です。学級づくり、見守り体制の構築、児童生徒のさまざまな状況の把握、

情報提供、心の健康教育、SOSの出し方教育、自殺予防教育、教職員のSOSの受け止め方研修（ゲートキーパー研修など）と多岐にわたります（**表2**）。1次予防をしっかりやることで、生きづらさや希死念慮（死にたい気持ち）を訴える子どもを減らすことが可能になると私は考えています。

　子どもの自殺予防の対策を練る時に、どうしても「死にたい」という子どもへの対応（2次予防）に重きを置いてしまいがちです。もちろん、死にたいと今、訴えている子どもへの危機介入はすぐに対応しなければならないですが、1次予防を丁寧にやることにより、希死念慮を抱く子ども自体が減ります。1次予防は、学校が特に力を入れて取り組むべき自殺予防だと考えます。

表2　学校における1次予防（ソフト面）の例

1．子どもの状況を把握し、ハイリスクの子どもを見逃さない
2．SOSの出し方教育
　①心の痛みに気がつく（早期発見）
　②困難やストレスへの対処方法を知り対処行動がとれる（ストレスコーピング）
　③SOSの出し方
3．自殺予防教育
　①自分のレジリエンスを知り、高めることができる
　②人権に関して意識を持て、いじめなどを起こさない
　③自分と他者を大切にできる行動がとれる（アサーション・コミュニケーションスキル）
　④心の病気の理解
4．子どもが相談しやすい環境づくり
5．教職員のSOS受け止め方スキルの向上（ゲートキーパー研修）
6．保護者・地域・関係機関との連携

■自殺のリスクが高い子どもとは

　「子どもの状況を把握し、ハイリスクの子どもを見逃さない」という1次予防をする際に、自殺のリスクが高く配慮が必要な子どもとはどのような状況の子どもたちを指すのでしょうか。

　1章で見てきた子どもの自殺の原因・動機から考えると、

①家族関係がうまくいっていない子ども（DV・虐待・離別などで家庭内でコミュニケーションに支障が出るような状況がある子ども）

②勉強についていけない子ども（学習障害や発達障害、心身の疾患を含む）

③進路に問題を抱えている子ども（親と希望が一致しない、経済的な問題があるなど）

④学校内での交友関係や異性関係で悩みを抱えている子ども

などが考えられます。

　また、自殺の対人関係理論では、「負担感の知覚」「所属感の減弱」「身についた自殺潜在能力」の要素が高まると致命的な自殺企図や自殺既遂に至るとされています。（**図1**）

図1　人を自殺に追い詰める3要素

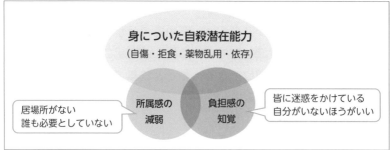

出典：Van Orden, K. A. (2009). Construct Validity of the Interpersonal Needs Questionnaire (Electronic Theses,Treatises and Dissertations). を基に筆者改編作成

　「負担感の知覚」とは、家族や友人、先生たちにとって自分が重荷になっていて、自分なんか死んだほうが世の中のためにいいと感じている状態です。「所属感の減弱」とは、家や学校などに自分の居場所がないと感じることで、孤独感・社会的疎外感を指します。「身についた自殺潜在能力」とは、リストカットや薬物乱用、依存、拒食などの自分を傷つける行為を指します。これらの要素を持つ子どもたちは、自殺についてハイリスクと考えられます。

　性差では、男子のほうが女子より自殺率が高い国が多いですが、女子のほうが自殺率の高い国もあります。それは、女の子の性的搾取のある国です。それをふまえると、性的暴力や性的虐待はハイリスク要因といえるでしょう。

　また、自殺未遂歴がある人、親近者に自殺で亡くなった人がいる場合には自殺のリスクは上がることや、セクシャルマイノリティで自身の性について悩みを抱えている子どもも、高い割合で希死念慮を抱くこともわかっています。

表3　子どもの自殺リスク要因

家庭的要因	・安心感の持てない家庭環境 ・虐待、DV、離別、親近者に自殺で亡くなった人がいる ・性的虐待、貧困
社会的要因	・居場所がない（不登校）、いじめ、友人関係での悩み、異性関係の悩み ・サポートの不足
個人的要因	・うつなどの精神疾患、自殺未遂歴 ・安全や健康を守れない傾向（自傷行為・拒食・薬物乱用・依存など） ・発達障害、学習障害、身体疾患、犯罪被害の経験、トラウマ、性に関する悩み ・相談できる相手がいない、進路の悩み、学業不振、予想外の失敗、極端な完全主義、二者択一思考、衝動性

■「SOSの出し方教育」「自殺予防教育」とは

　「SOSの出し方教育」と「自殺予防教育」が同義に使われること が多いですが、自殺総合対策大綱に示されている、学校が推進すべ き自殺対策に資する教育の中の「様々な困難・ストレスへの対処方 法を身に付けるための教育」を「SOSの出し方教育」と呼ぶこと が一般的です。

　「自殺予防教育」は、文部科学省が学校等における自殺予防のた めの教育を示す用語として使用されています。本書でも、自殺総合 対策大綱に示されている「様々な困難・ストレスへの対処方法を身 に付けるための教育」を「SOSの出し方教育」と呼び、その他、 メンタルヘルス教育やコミュニケーション教育といった自殺予防に 資する教育を「自殺予防教育」と位置づけます。

　1次予防の中でも、「SOSの出し方教育」は自殺総合対策大綱の 中で学校で行うように明記されている内容ですが、「SOSの出し方 教育」「自殺予防教育」をどのようにやればいいのか、これまで私 はたくさんの学校・行政から相談を受けてきました。その多くは「自 殺」という言葉を使うことへの抵抗であったり、死にたいと思って いる子どもを刺激するのではないかという不安であったりと、どの ように自殺を授業で取り扱えばいいのかという怖さを伴う不安でし た。

■つまずきや生きづらさへの対処法を教えるのが「自殺予防」

　実際、私が行っている「SOSの出し方教育」「自殺予防教育」では、 「自殺」という言葉は小・中学校の授業では1回も出てきません。 高校生対象のうつ病の理解のための授業の時に出てくる程度です。

　自殺のもともとの原因は子どもたちの生きづらさであり、それを 相談できなかったり、ストレスへの対処ができなかったりすること により心の病気になって引き起こるものです。いきなり自殺という

ことを考えるわけではなく、その発端は私たちが普段経験するようなつまずきなのです。私たちは子どもたちに「自殺はダメです、いのちを大切に」いう教育を押し付けがちですが、つまずきや生きづらさにどのように向き合ったらいいのか、どう対処していくかを教育することが自殺予防になります。

■「いのちを大切に」という教育が、ハイリスクの子どもたちをさらに追い込む

　学校でよく行われる「いのちを大切に」という教育が、ハイリスクの子どもたちをさらに追い込むことも念頭に置かなければなりません。「いのちを大切に」という教育がいかにハイリスクの子どもたちを追い込むかは、これまでもさまざまな指摘がなされています。

　たとえば、親に虐待されていたり、親と一緒に暮らせなかったりする子どもたちの多くが、どんなふうに親に感謝すればよいのかがわからず、感謝できない自分を責めたりします。あるいは、生まれてこなければよかったと思ってしまうような成育歴の子どもや、いじめを受けてきた子どもたちは、こんなにひどい目にあわされているのに、どうやって自分のいのちを大切にしたらいいのかがわからない状況にあります。

　このような子どもたちに「いのちを大切に」という教育をすることは、「やっぱりわかってもらえない」という思いを強め、援助希求能力を下げてしまうことにつながります。もちろん、親を大切に、いのちを大切にという教育は、自殺のリスクの低い家庭環境に育った子どもには一定の効果があるでしょう。自分がいかに両親に愛され、かわいがられてきたかを再認識することで、自尊感情を上げていく子どももたくさんいることでしょう。

　しかし、自殺予防の観点からいうと、私たちが救い出さなければならないのは、虐待やいじめを受け、自分の存在価値を見出せない

でいる自殺のリスクの高い子どもたちです。「いのちを大切に」の授業で、9割の子どもたちが「いのちを大切にしなければと思いました」と学んだとしても、自殺のリスクが高い、本来最も優先して救わなければならない1割の子どもたちが、さらに傷つき、心を閉ざし自殺に追いやられてしまっては本末転倒なのです。

　「いのちを大切に」と説く大人より、いのちを大切に思えない状況や気持ちを理解してくれ、自分の生きづらさと向き合ってくれる大人たちがいることのほうが、彼ら・彼女らの生きる力になるのです。

　ハイリスクの子どもたちを念頭に置いた、SOSの出し方教育・自殺予防教育をどのように展開すればよいのかは、3章（123頁）で詳しく述べます。

【参考文献】
● Van Orden, K. A. (2009). Construct Validity of the Interpersonal Needs Questionnaire (Electronic Theses,Treatises and Dissertations). http://purl.flvc.org/fsu/fd/FSU_migr_etd-4562

●宋美玄・姜昌勲・NATROM・森戸やすみ・堀成美・Dr.Koala・猪熊弘子・成田崇信・畝山智香子・松本俊彦・内田良・原田実・菊池誠『各分野の専門家が伝える子どもを守るために知っておきたいこと』株式会社メタモル出版、2016年

2　2次予防：ハイリスクの子どもへのサポート

1　大人が「SOSの受け止め方」を学ぶ必要性

■子どもの自殺率の高さは、相談できる大人がいなかった結果

　各自治体の自殺対策計画に沿って、「SOSの出し方教育」が徐々に実施されています。この教育がしっかり浸透すれば、子どもたちは大人たちにSOSを出して助けを求める行動を起こすでしょう。

　一方で、子どもの自殺の原因・動機として、家族からのしつけ・叱責や学業不振、進路問題が上位にあることを考えた時、そもそも私たち大人の対応は今のままでいいのか、再度考える必要があります。失敗して叱られたり、成績が落ちたり、進路に悩んだりしている時に、誰にも相談できずに死を選んでいるのが日本の子どもの自殺の現状です。日本の子どもたちの自殺率の高さは、信頼し相談できる大人が周りにいなかった結果だと、私たちは謙虚に受け止めなければなりません。

■大人が変わらなければ、子どもの自殺は減らない

　「SOSの出し方教育」では「もし、あなたが誰か大人に悩み事を相談した時に、その人があなたの話をちゃんと聞いてくれなかったとしましょう。あるいは、それはあなたのせいだと、相談した大人があなたを傷つけたとしましょう。それでもあきらめないで2人目の大人に相談してください。それでももし2人目の大人も1人目と同じようにあなたの悩み事をしっかり聞いてくれなかったとしましょう。3人目まではあきらめないで相談してみてください」というふうに、3人目まではがんばって大人にSOSを出してくださいと教育します。

子どもたちは教育されたとおり、誠実な大人に出会うまで、3人までの大人に相談することでしょう。この時、私たち一人ひとりが「その子の3人目までの大人」になれるかが問われます。

　子どもの自殺予防で問われているのは、子どもたちがどう変わるかではなく、私たち大人がどう変わるかなのです。子どもたちを追い詰めることなくしっかりと話を聞き、必要な支援ができるようなSOSの受け止め方を学ばなければなりません。私たち大人が変わらない限り、子どもたちの自殺は減らないのです。

2　子どもの話を聴く──受容傾聴の会話

■ジャッジしない、アドバイスしないで受け止める

　「SOSを受け止める」といった時、「先生、私、死にたいです」というレベルのことを想像するかもしれません。しかし実際は、そのような深刻なレベルの悩みをいきなり相談してくる子どもはほとんどいません。

　私たちがまずすべきことは、日々の中の子どもの「あのね」に耳を傾け、ちょっとした困りごとやつまずきを丁寧に共有させてもらうことです。それは、勉強のことや部活動のこと、友人関係、恋人のこと、親子関係、進路問題など、先生方がいつも接している身近なSOSです。ここで丁寧に対処することによって、生きづらさが軽減し、死にたいというレベルのSOSは減っていきます。

　「受容傾聴」という言葉がありますが、私たちは子どもたちの悩み事や話をしっかり受け容れ、耳を傾けて話を聴いているでしょうか。受容傾聴のコミュニケーションのありかたとして、私は、

　①ジャッジしない

　②アドバイスしない

　③ありのままに受け止める

　④勝手に想像しない（決めつけない）

　⑤子どもの情景をみさせてもらう

の５つをあげています。スキルとしては、子どもの言ったことをオウム返ししていったんまるっと受け止め、詳しく聴いて子どもの見ているものや子どもの心の情景をみさせてもらうことなどがあります。

　たとえば、子どもが漢字を覚えられないと言った時に、大人は「いつも漢字のテスト悪いよね。毎日、漢字を１０回書きなさい。復習していないでしょう」などと受け応えたりします。「いつも漢字のテスト悪いよね」とジャッジし、「毎日、漢字を１０回書きなさい」とアドバイスし、「復習していないでしょう」と勝手に決めつける。つまりこれが、受容傾聴できていない典型的な対応です。

　まるっと受け止め詳しく聴くスキルを用いると「漢字を覚えられないの？」とオウム返しで受け容れ、「どんな漢字が難しいの？」とか「いつから？」などその子の状況や困りごとを詳しく聴くという会話になります。これをやることによって、その子への理解が深まります。

■「まるっと受け止め詳しく聴く」スキルで悩みを理解する

　頭ごなしに決めつけてアドバイスするという会話は、学校でも家庭でもありとあらゆる場面でよくみられます。テストの成績が悪かった時に親が「勉強が足りないのよ。ゲームばっかりしていたからでしょ」などとジャッジして決めつけて叱る。ごくごくありふれた日常的な風景だと思います。何も話は聞かないで「次、がんばればいいじゃない」などと励ましたりすることもよくあります。

　とりわけ、ジャッジして叱るパターンは、自尊感情の視点で見てみると、成績が落ちて、子どもの「社会的自尊感情」が下がっている時に、親がそれに対し、ありのままに受け止めることをせず否定してしまっているので、「基本的自尊感情」も傷つけてしまってい

る状態になります。子どもが抱いている残念な気持ちに親が共感を示さずジャッジして叱ると、子どものその体験は単なる失敗体験で終わってしまいます。

　これを、「まるっと受け止め詳しく聴く」スキルで応えるとどうなるでしょう。

　「テストの点数悪かったの」といったんまるっと受け止めて、「どんなふうに悪かったの？（何の科目ができなかったの？）」と詳しく聴き、子どもの情景をみさせてもらいます。こうすることで、子どもがテストのことで何を悩んでいるのか、どう困っているのかをやっと理解することができるようになるのです。

■「基本的自尊感情」は、体験と感情の共有で伸びる

　「社会的自尊感情」はほめて伸ばすことが可能です。成績がよいとほめる、他者より優れているとほめるというふうに、大人の基準で優れていると思える時に子どもたちはほめてもらえます。評価の基準は他者なので、他者からよい評価を得られなかったり、逆に悪い評価を得た時は下がってしまいます。

　「社会的自尊感情」で自尊感情を保っている子どもたちは、他者評価を常に気にしますし、他者に認められるような振る舞いをするようになります。また、失敗をした時にそこから立ち上がっていく底力に乏しくなります。

　「基本的自尊感情」は、子どもとのさまざまな共有体験で伸びるとされています。「基本的自尊感情」の醸成について、近藤卓先生は『子どもの自尊感情をどう育てるか』の中で、「それはあたかも、薄く溶いた糊をしみこませた和紙を１枚ずつ積み重ねていく地道な作業」と述べています。コツコツ、長くかかる作業ですが、共有体験をするたびに、それは確実に厚みを増していきます。

　ここでいう共有体験は、体験の共有だけではなく、感情の共有も

含まれます。それは、学校の活動や行事、部活動などを一緒に体験することのような、私たちの日常の中でできることです。その際、「感情の共有」がおろそかにされがちなので、意識して行うことが必要です。

　先ほどの例のように、成績が悪く「社会的自尊感情」が下がった時でも、大人たちがその子の気持ちを聴いて、その子の情景をみさせてもらうような声かけができると、それが共有体験となり「基本的自尊感情」を積み上げていけるわけです。

■子どもが失敗した時こそ、感情の共有が大切

　子どもたちが成功した時は「すごいね！　よかったね！」と共に喜び感情を共有することが比較的簡単にできますが、失敗した時には、励ましたりジャッジしたりしてしまい、子どもの体験や感情を共有できないことが多いものです。成績が下がったり、学校行事で失敗したり、部活動でレギュラーから外れたりなど、子どもたちが失敗した時にこそ気持ちを共有する声かけを丁寧にすることが大切です。

　また、私たちは子どもたちがつまずいたときに、解決策をすぐに言ったりしますが、どのように解決するかについても子どもに主導権を持たせることで、自尊感情が高まります。

　成績が落ちた時に、指示をするのではなく、「次の対策をどうする？」「どういうふうに挽回していく？」というふうに、本人の主体性を促し、自分で解決していく力をつけていく手助けをしていきます。これが結果として自尊感情を高め、困難な状況から立ち上がっていく力＝レジリエンスを高めることになります。

■大人主導と子ども主導の会話例

　次に、大人主導の会話と子ども主導の会話例を示します。

●学校で「先生、宿題忘れました」と子どもが言ってきた

大人主導の会話、よく言うセリフ	
・また、宿題をやってないの ・あんたはだらしない子だ ・なまけてるだけでしょ	解釈・ジャッジ 決めつけ
・ちゃんとやらないとどこの高校にも入れないよ	脅し
・明日は絶対に出すんだよ！	指示（アドバイス）
子ども主導の会話例	
教師：宿題持ってこなかったの 生徒：はい。できませんでした	オウム返し
教師：できなかったの。なんでできなかったの 生徒：はい、いろいろあって	詳しく聴く 情景をみさせてもらう
教師：いろいろってなにかあったの？ 生徒：忙しかったのと、宿題が難しくて終わらなかったです	を繰り返す
教師：難しかったの。先生に手伝えることある？／もう一度説明してほしいところある？／いつまでなら出せそう？	本人の解決を促す

●学校での不登校ぎみの子どもとの面談で「学校、来るのが嫌です」
　と子どもが言う

大人主導の会話例、よく言うセリフ	
・今くらいの欠席日数だったら、まだ挽回できるからがんばれ。クラスに戻るチャンスだ ・このままだと内申に響くよ ・早寝早起きの生活習慣を身につけよう	子どもの話を聴かないで安易に励ます、勝手に意味づけをする 脅し 勝手に決めつけてアドバイス ただし、十分に話を聴いた後の励ましはOK

子ども主導の会話例	
教師：学校に来るのがイヤなんだね 生徒：はい。毎朝億劫で、足がすくむ 教師：億劫で足がすくむんだね 生徒：・・・・・・	オウム返し
子どもの情景をみさせてもらうための質問例	
・何か学校で嫌なこととかある？ ・先生に手伝えることある？ ・どうなったら学校に来られるようになると 　自分で思う？	詳しく聴く 情景をみさせてもらう を繰り返す 本人の解決を促す

●家庭で「今日忘れ物をした」と子どもが言ってきた

大人主導の会話、よく言うセリフ	
・また、忘れ物したの？ ・ほんと、忘れ物多いよね ・時間割をちゃんと確認しないからでしょ ・前の日に時間割を調べて準備しなさい	解釈・ジャッジ 決めつけ 指示（アドバイス）
子ども主導の会話例	
親　　　：忘れ物したの。何を忘れたの？ 子ども：国語の教科書 親　　　：国語の教科書を忘れたの。それでど 　　　　　うしたの？ 子ども：友達に見せてもらったの 親　　　：どんな気持ちだった？ 子ども：友達に迷惑かけて申し訳なかった 親　　　：申し訳ない気持ちになったんだね。 　　　　　それで、忘れ物対策はどうする？ 子ども：ちゃんと前の晩に調べる	オウム返し 詳しく聴く 情景をみさせてもらう を繰り返す 本人の解決を促す

●家庭で「期末試験がすごく悪かった」と子どもが言ってきた

大人主導の会話例、よく言うセリフ	
・見せてごらん	指示
・何？この点数。あきれるわ	非共感
・ゲームばかりしてるから当たり前でしょ	決めつけ
・ちゃんと勉強しなさい	指示（アドバイス）
子ども主導の会話例	
親　　：悪かったって、自分としてはどれくらい悪かったの？	本人の評価を確認する
子ども：7割取りたかったのに、6割しか取れなかった	
親　　：6割だったの	オウム返し
子ども：残念だった	
親　　：残念だったね	感情の共有
子ども：うん	
親　　：次に向けてどうする？	本人の解決を促す

3　死にたい気持ちの聴き方・受け止め方

■重い気持ちを打ち明けられた時こそ、「まるっと受け止め詳しく聴く」

　子どもが「死んだほうが楽かも」などと口にしたら、大人は「もっと大変な子はいるよ」と誰かと比較したり、「死ぬ気になればなんでもできるよ」と励ましたり、「そんなことしたらお父さんお母さんが悲しむよ。命は大事にしないとダメだよ」とアドバイスをしたりしがちです。先ほどの受容傾聴の姿勢から見ると、これらの対応は全く子どもの気持ちを受け容れておらず、理解しようという姿勢すら感じられない対応です。

　これらの言動は、自分の気持ちを訴えてくれた子どもを「わかってもらえないな」「言っても無駄だな」と失望させるだけでなく、「誰もわかってくれない」「もうどうすることもできない」という絶望

感さえ与えてしまいます。せっかく、子どもが「死んだほうがいい」という重く深刻な気持ちを打ち明けSOSを出してくれたのに、大人がSOSの受け止め方を間違えては自殺予防になりません。

「死にたい」というようなとても重い気持ちを打ち明けられた時にこそ、まずは先ほどの「まるっと受け止め詳しく聴く」のスキルを使ってみてください。「死んだほうが楽かも」と子どもが打ち明けたなら「死んだほうが楽と思うの？」とオウム返しをし、「なんでそう思うの？」「何かあったの？」とその子の見えている情景を一緒にみさせてもらってください。とにかく、その子から話を聴かない限り、私たちは何一つわかりません。自分でしゃべるよりも子どもが話せるよう、「まるっと受け止め詳しく聴く」を繰り返しながら、先回りをせずに、受容傾聴してみてください。

●子どもが「死んだほうがましだ」と言った時

大人主導の会話例、よく言うセリフ	
・親より先に死ぬのは親不孝だよ。親が悲しむよ	価値観を押し付ける
・死んで逃げるのは卑怯だよ	
・死ぬ気になったら何でもできる！	安易に励ます
・ばかなこと言うんじゃないよ	非共感
・もっと大変な子はいるじゃない	他者と比較する
・こんなに不自由のない生活をしていて何が不満なの？	決めつけて非共感
子ども主導の会話例	
教師：死んだほうがましだと思うの	オウム返し
子どもの情景をみさせてもらうための質問例	
・なんでそう思うの？	詳しく聴く・子どもの
・いつからそう思っていたの？	情景をみさせてもらう
・何かつらいことあった？	感情の共有
・先生にできることある？／何してほしい？	本人の解決を促す

■正常性バイアスにとらわれない

　死にたいと訴えてくる子どもはそれほど多くはありませんが、「この子、大丈夫かな。死にたいって思ってないかな」と気になる子どもに出会うことはたびたびあります。学校を休みがちになったり、元気がないなど普段と異なり気になる子どもがいたら、軽視しないで、できるだけ早い段階で危機介入してください。危機介入は早ければ早いほどよいです。

　このような危機を察知した時に、どうしても人は「まあ、大丈夫だろう」「私の気のせいかも」と思いがちです。これを心理学では「正常性バイアス」と呼びます。危機状態の時、心のバランスを保つために「大丈夫だろう」と異常を認めない心理です。

　たとえば、「記録的な大雨です」と報道されても、「30年ここに住んでいるけれど、これまで洪水になったことはない」と、記録的な大雨の危険性を認めず、安心してしまったりする心理です。しかし、この正常性バイアスによって洪水で多くの命が失われています。正常性バイアスはどんな人にも起こり得ることで、小さな災害を大きくしてしまいます。

■自殺の危険の高まった子どもへの対応時の「TALKの原則」

　日ごろからアンテナを高く持って子どもを注意深く見守り危機を察知すること、そして「大丈夫だろう」と思うのは心の防衛機制の正常性バイアスだということを自覚して、まずはその子どもに声をかけてみること、これこそが子どもと一緒にいる教師にできる自殺予防の第一歩です。

　文部科学省は「教師が知っておきたい子どもの自殺予防」のマニュアルの中で、「死にたい」と訴えられたり、自殺の危険の高まった子どもに出会ったときの対応として「TALKの原則」を推奨しています（**図1**）。

図1　TALKの原則

TALKの原則
- 言葉に出して心配していることを伝える（Tell）
- 「死にたい」という気持ちについて、率直に尋ねる（Ask）
- 絶望的な気持ちを傾聴する（Listen）
- 安全を確保する（Keep safe）

【Tell】言葉に出して心配していることを伝える

　「心配しているよ」ということを私たちは意外と口にしません。「心配している」、このメッセージは、必ず子どもたちに伝えるようにしてください。そうすることで子どもたちは「この先生は、私のことを気にかけてくれているんだ」ということがわかります。「気にかけてもらっている」ということ自体が子どもたちの心のケアになります。

　当たり前のことなのですが、人の気持ちは言わないと伝わりません。ですから、「そんなことはわかっているだろう」と決めつけずに、「気にかけている・心配している」ということを必ず口に出して伝えてください。それを伝えることにより「この先生には相談できる」と思うことができ、援助希求能力を高める効果もあります。

【Ask】「死にたい」という気持ちについて、率直に尋ねる

　「大丈夫かな、もしかして自殺も考えているかも」と思う子どもがいた時、多くの大人たちが「『死にたいの？』なんて聞くと死にたい気持ちを刺激してしまいそうでそんなことは聞けない。そっとしておいて、見守りたい」と、寝た子を起こすのを恐れるような感覚を訴えます。

　そこには、自分の言動がその子を傷つけてしまうのではないかという恐れの心理もありますが、死を話題にすること自体が怖いとい

う聞き手側の問題もあります。本当は自分が聞くことが怖いのに、その子を傷つけるから聞かない、と聞かないことを正当化しているわけです。

　自殺が心配される子どもに「死にたいの？」と聞くのはあまりにも直球すぎるので、「消えたいと思っちゃう？」などと間接的な希死念慮を確認した後に、「死んだほうが楽と思っちゃう？」などの表現を使うと聞きやすいでしょう。

【Listen】絶望的な気持ちを傾聴する

　SOSの受け止め方のところでも説明したように、①ジャッジしない、②アドバイスしない、③ありのままに受け止める、④勝手に想像しない（決めつけない）、⑤子どもの情景をみさせてもらう、この手法で子どもの話に耳を傾けてください。私も含め、教師はアドバイスや説教をしたくなる傾向が強いです。聞き役にまわることに徹してください。

　話を聴く時、核心の話題に触れづらい時は体調や日常生活のこと、たとえば「眠れてる？　ごはんは食べられてる？」などのような質問をし、そのあとに不安や苦痛の感情を聴くのがいいでしょう。

```
〈Listenの具体例〉
方法１．体調や日常生活のことから触れる
　　　　「眠れてる？　ごはんは食べられてる？」
方法２．不安、苦痛などの感情を聴く
　　　　「何がつらい？　何が不安？」
方法３．共感的に理解
　　　　「勉強も何も手につかないし、苦しくて逃げ出したい気持
　　　　ちだったんだね」
```

【Keep safe】安全を確保する

　自殺の危険性が高く危ないと判断したら、他の教職員や家族など

からも適切な援助を求めるようにしてください。この時に、子ども
に黙って情報を他の人と共有しないことが大切です。必ず子どもに
「あなたの命を守るために、このことを他の先生（あなたの家族）
と共有していい？」と尋ねるようにしてください。

　その際、共有すべき理由も伝えてください。たとえば、「私はあ
なたから今、死にたいくらいつらいという気持ちを聴いたので、あ
なたが安心して学校生活を送れるように手伝いをしたい」「あなた
が無理せずに過ごせる環境を整えたい」あるいは「あなたの命を守
りたい」と、気持ちを伝え、「そのためには、他の先生（家族）の
協力が必要なので伝えてもいいかしら」というように伝えて、情報
を他の人と共有することの許可を得てください。

　ただし、今にも自殺企図を起こすかもしれないような緊急を要す
る場合はこの限りではありません。今にも飛び降りて死にそうなく
らいの緊迫した状態であれば、子どもを一人にしないで寄り添い、
家族や専門家などの支援を受けて命を守りしましょう。

　なかには「秘密にしておいてほしい」という子どももいます。そ
の際も、「秘密にしてほしいの」とオウム返しで受容を示し、「なん
で秘密にしてほしいと思うの？」と聴いてみてください。実際、な
ぜ秘密にしておいてほしいのかを聴いてみると、周囲に自分のこと
を知られるのが怖いというより、そのことを知った時の周りの反応
が怖いと答える子が多いです。親や教師をがっかりさせてしまうの
ではないかという思いもありますし、大人たちの過剰な反応にも、
反対に無視するような態度にも子どもたちは深く傷つきます。

　子どものSOSに過剰に反応しない、また軽視もしないというス
タンスは、保護者も教職員もSOSを受け止める際の基本的姿勢と
して知っておいてほしいです。

　秘密にしてほしいという子どもに対しては、緊急な事態でないか
ぎりその意思を尊重しつつ、「他の人もきっとあなたの力になりた

い、あなたを守りたいと思っているはずだ」ということを伝え続けてください。複数人で対応することは子どもの安全を確保するうえでも大切ですが、子どもを支える教師にとっても大切なことです。

　複雑なケースほど子どもは秘密にしたがりますが、その一方で一人の教師が抱えるには重すぎて教師にも強いストレスを与えます。結果、その子への支援がうまくいかなくなったり、燃え尽きて支援が止まってしまうなど、子どもの支援そのものに支障が出ます。長く確実に支援するためにも、教師のメンタルヘルスのうえでも、チームで課題を共有して子どもの安全を守るということは大切なことなのです。

　TALKの原則で一通り話を聴いたら、話を終わらせる前に「私にできることがあったらいつでも言ってね（しんどい時はいつでも話をしに来てね）」と心配している・手助けする気持ちがあることをTell：言葉に出して伝えてください。

■子どもが訴えてきた時に教師がやってはいけないこと

　子どもが何かを訴えてきた時に、やってはいけないことがいくつかあります。

　１つ目は、話をかわす・はぐらかすことです。これは、重い話の時に私たちが一番取ってしまいがちな会話パターンです。「今度、放課後に時間がある時にじっくり聞くからね」と軽く後回しにしたり、「皆、それなりに大変なのよ」「思春期にはよくあることよ」と一般化したり、「部活もがんばっているし、いいこともたくさんあるじゃない」とよい方向に向けようとしたりするのがこれにあたります。

　２つ目は叱咤激励です。「受験勉強がつらいです」と訴える子どもに対して、いきなり「○○さんなら乗り越えられるよ！！」「ガンバレ。きっとできるはず」と励ましてしまうと、その子が何に悩んで何に困っているのか、全く理解できずに終わってしまいます。

それどころか、「ああ、この先生は私の話を聴いてくれない」と、もう二度とSOSを出してくれなくなるかもしれず、逆効果になることもあるのです。

　最後に、これは再三申し上げている、ジャッジしない・批判しない・持論を述べないことです。

〈やってはいけない対応〉
１．話をかわさない
　「今度、放課後時間がある時にじっくり聞くからね」
　「皆、それなりに大変なのよ」
　「思春期にはよくあることよ」
　「部活もがんばっているし、いいこともたくさんあるじゃない」
２．叱咤激励しない
　「〇〇さんなら乗り越えられるよ！！」
　「ガンバレ。きっとできるはず」
３．ジャッジしない・批判しない・持論を述べない
　「死んで逃げるのは卑怯だよ」
　「あなたが死んだら、家族はかわいそうじゃない？」
　「死ぬ気になれば、何でもできるよ」

■TALKの原則を使った会話の例

　実際に、TALKの原則を使った会話例を示しておきます。

●最近、部活を休みがちなAさんとの会話

会　話	解説・留意点
教　師：Aさん、最近、部活を休みがちだね Aさん：はい。すみません 教　師：謝らなくていいよ。先生、あなたが休みだして、どうしたのかなって心配していたんだ。なにかあったの？	・ゆっくり話せる環境で話す ・責めるように言わないように語気に気をつける ・自責感を軽減できるように声かけをする ・Tell：「心配している」は必ず伝える

Ａさん：部活の同級生とうまくいかなくて	・「部活が嫌なの？」などと決めつけないで詳しく聴く
教　師：うまくいってないんだね。どんなふうにいってないの？ （Ａさんの話を傾聴）	・Listen：オウム返し・詳しく聴く・アドバイスしない・励まさないで聴く
教　師：休んでる間はご飯は食べられていたの？	・体調のことなどから触れる
Ａさん：食欲もなくて、落ち込んでいました	
教　師：落ち込んでいたんだね。どんなふうに？ （Ａさんの話を傾聴）	・不安や感情を聴く
教　師：いつが一番しんどかった？	
Ａさん：3日前がいちばんつらかったです	
教　師：3日前がいちばんつらかったの。それはたとえば消えてしまいたいとか、それくらい？	・Ask
Ａさん：はい。消えてしまいたいと思いました	
教　師：消えてしまいたいって思っていたんだね。死んじゃったほうが楽って思った？	
Ａさん：はい （Ａさんの話を傾聴）	
教　師：Ａさんの気持ちを聴けてよかった。私にできることがあったらいつでも言ってね（しんどい時はいつでも話をしに来てね）	・Tell：「支援する気持ちがある」ということを伝える

教　師：死にたいほどつらかったって話をさっきしていたけれど、あなたが無理せず学校で過ごせるように環境を整えたいから（あなたの命を守りたいから）、このことをあなたの担任と学年担当の先生に伝えてもいいかな	・Keep safe：死にたい気持ちのある子どもの安全をチームで守る
Aさん：はい、わかりました。でも親には言わないでください	
教　師：うん、わかったよ。親御さんには言わないね。だけど、もしこれは本当に危ないなと判断したら、その時は親御さんにも連絡するけど、その時はAさんにも事前にちゃんと伝えるようにしますね	・勝手に情報を拡散すると、信頼を失いそれ以上相談してこなくなるだけでなく、「誰も信じられない」という思いになるので可能な限り許可を取る ・ただし、緊急を要する時はこの限りでない

4　リストカットを繰り返す子どもの理解

■子どものリストカットへの大人の反応

　「リストカットをする子が増えている」という相談をよく受けます。その際、先生方に「何に困っていますか」とお聞きすると、「どうしていいかわからない」という答えがほとんどです。見てびっくりしたり怖かったり、なんで？という気持ちで教師自身がショックを受けて混乱してしまうことが多いでしょう。

　リストカットの痕を見せられたり、リストカットをしたと言われたりしたときの大人の反応は、①恐怖・驚きなどのショック、②怒り・悲しみ・失望など、その子に対する感情、③善悪の判断からく

る叱責などがあります（**図2**）。

①恐怖・驚きなどのショック

　生々しい傷跡は人の心を揺さぶりますし、恐怖を感じてしまうものです。でも、「怖い」と感じ、そこで思考が停止してしまうと、子どもの心より傷のほうに気をとられてしまって終わってしまいます。また、驚かれたり、過剰に同情されたりすると、子どもは「言わなければよかった」と後悔したり、「迷惑をかけてしまった」と思うようになります。自殺の要因として「自責感の増強」というものがありますが、「迷惑をかけてしまった」という自責の気持ちは子どもを心理的危機に追い込みます。

　また、ショックのあまり、見て見ぬふりをする人もいるでしょう。見て見ぬふりをしても、何の解決にもなりません。私たちが本来対峙すべきものは体の傷ではありません。その傷を作るに至った、子どもの心の傷の手当てです。自傷の背後にある家庭問題、いじめなどの学校問題など、その子の抱えている苦悩をしっかりとキャッチしていくことが大切です。

図2　リストカットへの大人のありがちな反応

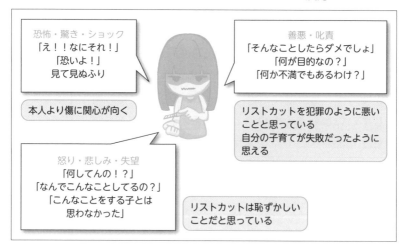

恐怖・驚き・ショック
「え！！なにそれ！」
「恐いよ！」
見て見ぬふり

本人より傷に関心が向く

怒り・悲しみ・失望
「何してんの！？」
「なんでこんなことしてるの？」
「こんなことをする子とは
　思わなかった」

善悪・叱責
「そんなことしたらダメでしょ」
「何が目的なの？」
「何か不満でもあるわけ？」

リストカットを犯罪のように悪いことと思っている
自分の子育てが失敗だったように思える

リストカットは恥ずかしいことだと思っている

②怒り・悲しみ・失望

　子どものリストカットを知った時、「なんでそんなことするの?」と悲しくなったり怒りが生じたりもします。これらの感情は、リストカットは恥ずかしいこと、リストカットは悪いことという価値観からくるものです。「そんなことをする子とは思わなかった」とその子への失望感もあるでしょう。

　もちろん、していいことではないのですが、リストカットの相談をされた時は、まず、その自分の価値観を脇に置いて、相談に来た子どもの気持ちの理解に努めてください。

③善悪の判断からくる叱責

　リストカットは「やってはダメなこと」と、何か犯罪のように感じる教師も少なくありません。そのため、相談に来た子どもに「そんなことをしたらダメでしょう」といきなり叱ったり、「親からもらった身体なのに」と説教をしたりしてしまいます。なぜ子どもがリストカットをするのかは後述しますが、ジャッジされると子どもはありのままの相談ができなくなってしまいます。また保護者の場合は自分の子育てに傷がついたような気分になり、「何が目的なの」「何が不満なの」と子どもに怒りをぶつけることもあります。

　これらの反応は、子どものリストカットになんらいい影響を与えないどころか、子どもとの関係性を悪くします。リストカットをしている子どもへの対応について相談される先生方の多くが、このような対応をとっておられました。これは、リストカットについての理解不足からくる対応にほかなりません。そこで、子どもたちはなぜリストカットをするのかを解説したいと思います。

■子どもたちはなぜリストカットをするのか

　リストカットは12～13歳くらいから始まり、10代の若者の約1割に自傷経験があるとされています(参考:松本俊彦『自傷・自

殺する子どもたち』2014年)。30人のクラスだとしたら、3人は経験者がいるということになります。先生方が把握している実際の人数より数倍、多い感じではないでしょうか。大人が気づくケースは、氷山の一角なのです。

よく、リストカットは人の気を引くためのアピールだなどと言われることがあります。はたしてそうなのでしょうか。

松本俊彦先生の調査では、自傷の96%はひとりぼっちの状況で行われ、しかもそのことを誰にも告白しないということがわかっています。もし、これが人の気を引くことやアピールが目的であったら、皆に見えるようにやるわけですが、実際は、子どもたちは一人の時にリストカットをやり、痕が見えないように夏の日でも長袖で隠したりしています。

リストカットをなぜするのかについて、松本先生の調査では約5割が「イライラを抑えるため」と答えており、約1割が「つらい気分をすっきりさせたくて」と答えています（図3、前掲書）。つまり、約6割の子どもは、不快な気分を変えるため、気分転換にリストカットをしているのです。

■リストカットをやめられなくなるメカニズム

なぜ、リストカットが気分転換になるのか理解できないという方も多いので、ここで自傷のメカニズムの一つの仮説をご紹介します。

交通事故にあって骨折などの大けがをした時、ひどいけがにもかかわらず痛みを感じないという場合があります。これは、脳内に存在するモルヒネ様の麻薬性物質が分泌されているからだとされています。通俗的には「脳内麻薬」という名称で知られており、βエンドルフィンやエンケファリンという物質などがこれにあたります。

習慣性自傷患者の研究で、自傷をしている人としていない人の対象群を比べた時、自傷をしている人のほうが、血液中のエンケファ

図3　自傷する理由

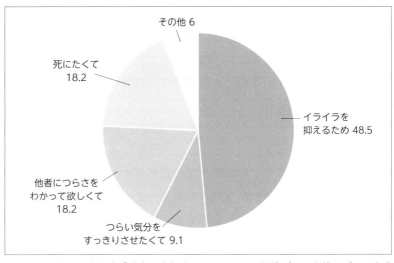

その他 6

死にたくて
18.2

イライラを
抑えるため 48.5

他者につらさを
わかって欲しくて
18.2

つらい気分を
すっきりさせたくて 9.1

出典：松本俊彦『自傷・自殺する子どもたち』掲載データを基にグラフ作成

リンが高濃度であったことが明らかになっています。これらの研究から、自傷を繰り返す人たちは薬物の依存症者と同じように、自傷をすることで脳内麻薬が産生され、それに依存していると考えられています。自傷行為はアルコール依存などと同じ一種のアディクション（嗜癖）なのです。

　アルコール依存症を考えてみましょう。「やめなさい」といわれてやめられるものなら、本人はとっくにやめています。やめたくてもやめられないし、その問題に本人自身も気づいていたりもします。お酒を飲んでいないとやっていられないのに、「お酒をやめなさい」と言われたら、きっと隠れて飲むでしょう。そして、お酒の量は徐々に増えていき、自分でのコントロールが困難になります。

　リストカットも同様です。やめなさいと言われてやめられるものではありません。やめたいと苦しんでいる子もたくさんいます。けれども、嫌なことやつらいことがあったらそれをすることで気分が

すっきりしたり、イライラが収まったりするのでやめられないのです。嫌な毎日をなんとか乗り切るために、リストカットをして踏ん張っているわけです。そのうち、少しの傷では脳内麻薬が足りなくなって、切る回数が増えたり、傷が大きくなったりとエスカレートもします。依存しているので自分でコントロールすることがとても難しいのです。

■向き合うべき問題は、リストカットの背景にある生きづらさ

　これが、リストカットの病態です。もちろん、リストカットに至るまでの心理的な問題があるわけなので、まずはそういう生きづらさを減らしてリストカットを予防することは大切です。すでにリストカットを経験し、繰り返している子に対しては、「やめなさい」と指示したり、「もう自傷はしない」という約束を強要したりするというような声かけは無効なばかりか、その後、何も打ち明けてくれなくなる可能性も出てきます。また、叱責すると子どもの罪悪感や恥の感情が強まり、子どもを心理的危機に追い込みさらにリストカットのリスクをあげてしまう可能性があります。

　リストカットを叱ったり、無理にやめさせようと大人が思ったりするのは、リストカット自体が問題だととらえているからです。私たちが向き合うべき問題は、リストカットではありません。リストカットをしなければならないその子の抱える生きづらさや、つらい時にリストカットをすることしかできないこと、相談できる他者が周りにいないことが問題なのです。

　適切な対応は、まず、傷を見せられた時、過剰に反応しないということ、そして、打ち明けてくれた援助希求行動を肯定的に評価することです。そして、その子にとって自傷行為がどのような効果をもたらすのかを理解し、そのことを教師自身が受け容れてください。

　以下に、リストカットをしていると思われる生徒との会話例をあ

げます。

会　話	解説・留意点
教師：最近、元気がなさそうで、心配してるよ	Tell：心配を伝える
生徒：家のことや勉強のことでイライラすることが多くて	
教師：イライラすることが多いんだね。具体的にはどういうことでイライラするの 　　　（生徒の話を傾聴）	ジャッジしない。オウム返し・詳しく聴いて情景をみさせてもらう
教師：イライラした時はどんなふうに対応してるの？	ストレスコーピング（ストレスの対処法）を確認する
生徒：無茶食いをしたり	
教師：無茶食い、どんなふうに？ 　　　（生徒の話を傾聴）	もし傷を見たことがあるなら、「この間、手に傷があるのを見たんだけど、自分で切ってる？」と聞いても大丈夫。その際、深刻になりすぎないようにする
教師：他には？	
生徒：リスカもしてます	
教師：リストカットしてるんだね	
生徒：はい	
教師：リストカットしたらどんな気分になるの？	リストカットを告白された時に、驚かない
生徒：切るとスッキリします	自分の中のリストカットへの偏見を脇に置いて、他のストレスコーピングと同じ感じで話を聴く。どんな気分になるのかというその子にとってのリストカットの効果を確認して、どのような時にどれくらいの頻度で起きているか、子どもの情景をみさせてもらう
教師：スッキリするんだね 　　　（この後、以下のような質問を入れて理解を深めていく）	
教師：どういう時にリストカットしちゃうの？	
教師：最後にしたのはいつ？／いつからやってるの？	

教師：親御さんは知ってる？ 　　　（このような内容を入れつつ） 教師：こうして教えてくれてありがとう。そうして気分転換ができているのはいいことだけれど、徐々にエスカレートしていくから、それは心配。リストカットに代わる気分転換が見つかるといいね 教師：嫌なことがあったり、リストカットしたくなったりした時はいつでも相談においで	「どんなふうになってるか、傷を見せることできる？」と傷を直接確認してもOK。傷を確認することで、頻度や重症度が理解できる 援助希求行動を肯定的に評価しエスカレートの懸念を伝える Tell：いつでもサポートする気持ちがあることを伝える

　TALKの原則のところでも述べましたが、リストカットをしているという情報を、本人の承諾なしに他の人に伝えることのないようにしてください。しかし、悩みが深刻であったり、希死念慮があったりする場合は、複数人で対応できるように本人に許可を取って情報の共有をしてください。リストカットはアディクション（嗜癖）なので、教育で治せるものではありません。専門機関につなぐことを躊躇しないで早期の介入をすることが必要です。

■リストカットをめぐる「問題行動」への対応
　ここまで述べてきたように、リストカットのほとんどは気分転換などのために行っており、自殺未遂ではありません。「死にたくて」リストカットをしている子どもは全体の18％にしかすぎません（77頁参照）。
　実際、学校では「自傷行為」と「自殺未遂」とを混同した対応がなされているのが現状です。
　そのリストカットが自傷行為なら「死ぬために」やっているわけ

ではないので、まずは本人の話をよく聞いて、保護者と連携しつつ
その子の心を守っていくことが大切です。

　しかし、自傷行為を自殺未遂だと勘違いして、子どもの話もろく
に聞かず、「なんでこんなことをしているんだ」と叱り、「保護者を
呼ぶから待っていなさい」と保護者が呼び出され、「こんな状態で
は学校ではみることはできない」とそのまま下校させる学校も少な
くありません。

　自傷行為をしている子どもたちは、周りの大人を困らせようとし
てリストカットをしているわけではないのです。今抱えている不安
や不快から逃れるためにリストカットをして、脳内麻薬に頼りなが
ら過剰適応しているのです。ギリギリのところで一人で踏ん張って
いる状態といえるでしょう。その子どもたちに必要なことは、罰則
的対応ではありません。手当です。

　「この子のリストカットは自殺未遂でしょうか」というご質問を
よく受けます。「自傷行為」と「自殺未遂」はどのようにして区別
できるのでしょうか。

　これは、本人にしかわかりません。先生方が職員室で「この子は
死にたい気持ちがあるのか」と何時間も話し合いをしても、答えは
出てこないのです。TALKの原則（67頁参照）を使って、子ども
に死にたい気持ち（希死念慮）があるかを確かめることが必要です。

　希死念慮はなく、何か不安を抱えていて気分転換に自傷していた
なら、何が不安かをよく聞いてください（58頁参照）。その際、「親
には言わないでください」と子どもからお願いされるということを
多くの教師が体験していると思います。「親に心配をかけたくない」
「親に叱られる」など理由はさまざまです。なぜ親に言いたくない
のか、丁寧に話を聴いてみてください。

　学校の先生に見つかるレベルの自傷行為は、昨日今日始まったも
のではなく、長年やってきているものがほとんどです。ですから、

希死念慮がない場合は、緊急性はそれほど高くないといえます。しかし、「何か起きたらどうするんですか」「保護者には知らせるべき」という考えが学校には根強く、本人が「言わないで」と言ったにもかかわらず、保護者に密告することがよく見られます。

　先生方からすれば「当然の報告」かもしれませんが、子どもたちから見たら「密告・裏切り」なのです。そのような不誠実な人を信頼しろというのが無理だと私は感じます。

　子どもが「親に言わないで」と頑なに拒否しているにもかかわらず、先生が密告し、結果が悪化したケースをたくさん見てきました。学校を信じられなくなって不登校になったり、自傷行為が自殺未遂に発展するなど、事態は悪くなるのです。「何か起きたらどうするのか」と学校側は親への密告を正当化しますが、子どもを裏切って報告することで、「何か起こすリスクを上げる」ことも念頭におきつつ、丁寧な対応が望まれます。

　具体的には、なぜ親に言いたくないのかを聞き、なぜ学校側は親との連携が必要だと考えているのか、しっかりと話し合いをして、保護者へ相談する流れがよいでしょう。

　希死念慮がある際は、緊急性が高いのですぐに保護者やカウンセラー、場合によっては精神科医との連携が必要となります。この際に、本人に保護者に連絡する必要性を説明し、説得してください。

　自傷行為をしている子どもに「このことを誰にも言わないで」と言われた時の扱いは、慎重であるべきだと私は考えています。

　たとえば、あなたがうつになり抗うつ薬を飲みながら仕事をしていて、上司に「他の先生には言わないでください」と言ったにもかかわらず、あなたの上司が「○○先生はうつですが薬を飲みながら仕事をしますので、配慮してください」などと、あなたのメンタルヘルス上の問題をあなたの同意なしに曝露されたら、あなたはどう感じますか。

　誰かの心のことを本人に無断で他に漏らすことは、大人の世界ではあってはならないことです。それを子どもだからやってもよいという道理はありません。これは、子どもの人権上の問題でもあると私は認識しています。さらに、その子の保護者が必ずしもその子にとって安全な他者であるとも限らないという視点も大事です。

　何かに悩んでいる当事者はその子自身です。私たちは「子どもだから」という理由で、当事者抜きで当事者（子ども）のことを決めがちです。子どもを子ども扱いし、子どもの人権を軽視しているように感じます。どうしたらその子のためになるのか、その子と一緒に考えていければと思っています。

　子どもが親に自傷行為のことを伝えたくないという時は、それなりの理由があります。

　解決を急がず、「なぜ言いたくないのか」を尋ね、もし親御さんに伝えたらどんなふうに親御さんは反応するかなども掌握してください。そのうえで、学校はどうしたらあなたを助けられるかをその子に聞いてみてください。

　緊急性が高い場合は、親御さんとの連携の必要性を説明し、どんなふうな伝え方をしたらよいか、子どもと話し合ってみてください。

　「誰にも言わないで」と子どもから言われた時、それを打ち明けられた教師が一人でそのことを抱えることもまた心理的な負担が大きいです。

　子どもの気持ちを受け止めたうえで、「なぜ他の人との連携が必要なのか」など本人に伝える具体例を示します（図4）。

図4　困りごとを「誰にも言わないで」と言われた際の対応例

会話例	留意点
「言ってほしくないんだね」	まるっと受け止める。

「なぜ誰にも言ってほしくないと思うの？」	誰かに知られることでどんなことが不安に感じるのかを尋ねる「親に心配をかけたくない」「先生をがっかりさせたくない」「親に叱られる」など理由は様々なので決めつけない。
「このことを親に伝えたらあなたの親はどんな反応をすると思う？」	子どもの不安を共有させてもらう。
以上の関わりをふまえたうえで「できれば、家族／他の教員にもあなたの困っていることを理解してもらいたいと私は思っている」「あなたの家族と一緒にあなたを守りたいと私は思っている」	他の人にも理解してもらうことのメリットを伝える。
●緊急な場合「これは早く対応したほうがいいと私は感じるので親御さんにもお伝えする」旨を伝える。その際、可能であればどのように伝えるかなども相談をする。	希死念慮が強いなど緊急性の高い場合は他の教員や家族との連携は必要となる。その際も、他の人に伝える旨を説明し、本人の安全を確保しつつ情報共有する。親の激昂が予測される場合は、教員と本人が同席しているところで親に伝えたり、親の怒り・悲しみをしっかり聞くなどの体制をとる。その際、スクールカウンセラーなど専門家と連携する。

●自分がどのようにサポートしていいかわからない時 「私にできること、何かある？（何を手伝ったらあなたの助けになる？）」など本人の希望を聞いてみる。	緊急性が高くない場合は、本人にどんなふうにしてほしいか尋ねてみることも大事。 「そっとしておいてほしい」と言われたら「そっとしておく」ことも支援であるという認識も必要。 その際でも「いつでも気にかけている」ことを伝え「何かあったらいつでもお話においで」など支援の継続の意思を伝える。

●リストカットを減らす方法としての代替例

①嫌な気持ちを誰かに話す
②保冷剤や氷など冷たいものを握りしめる
③輪ゴムを腕にはじく
④体に傷メイクをする（赤く塗る）
⑤クッションなどを叩く
⑥嫌なことをノートに書きだす（SNSなどに投稿すると別な問題が生じやすい）

■リストカットをする子どもの保護者に伝えること

　子どものリストカットの話を保護者とする時は、リストカットの状況に一喜一憂しないように伝えてください。前述したように自傷はアディクションですので、すぐにやめられるものではありません。リストカットの回数が減ったり、また増えたり、紆余曲折しながら、回復への途をたどります。教師自身も児童生徒の自傷行為の状況に一喜一憂することなく、家族と共に子どもの回復を見守ることが大

切です。

　感情的に接することは本人にとってよくない対応ですが、一方で家庭内でリストカットやその傷を見たりした場合に、無視することもその子を傷つけます。保護者には、無視するのではなく、傷に対しては淡々と手当てをするように伝えてください。そして、その奥にある心の傷の手当てを保護者と一緒にできるように家族をサポートしてください。

　次に保護者に伝えることは、怒りに駆られて説教しない・反論しない・むやみに謝らないことです。

　自傷行為を恥ずかしいと思う保護者は非常に多く、そのため子どもを激しく叱責することが多々あります。叱ってやめられるものではないので、叱ったり説教したりしないでくださいと伝えることが大切です。さらに、子どもの言い分に対し、反論したりすることなく、まずは「そういうことでリストカットしているんだね」と理解を示すことを勧めてください。

　反論せずありのままに受け容れることで、子どもは傷を見せるようになりますし、保護者との間に安心感が生まれたら、心の傷についても打ち明けてくれるようになるでしょう。

　最後に、何か困ったことが生じた際にそのことを学校に秘密にしないでほしいこと、そして学校も協力して一緒に自傷からの回復をサポートすることを伝えてください。自傷は恥ずかしいものだと思っている保護者は、そのことを隠したがり、子どもにも「誰にもいっちゃだめだよ」と口止めをして秘密にする傾向があります。そうすると、その子の家族全体が孤立し、その子にも必要な支援が届かなくなります。

　わが子の自傷と日々向き合っている保護者もまた、サポートを受けるべき対象ですので、家族が孤立しないように支えていってください。

〈自傷する子どもをもつ保護者に伝えるべきこと〉
1．自傷に一喜一憂しない・自傷を無視しない
2．怒りに駆られて説教しない・反論しない
3．むやみに謝らない
4．孤立しない・秘密にしない

■心理的距離を適度に保つことが大切

　自傷と向き合う時、私たちはしばしば感情的になります。それは傷自体が痛々しく、見ているだけで感情を揺さぶられるものであることも原因の一つでしょう。また、見えない心の傷に対する恐れや、自分自身の無力感もあることでしょう。

　そのように感情が揺さぶられている時は、子どもとの心理的距離を適度に保てず、近すぎたり、遠すぎたりすることがしばしば起きます。この心理的距離はさまざまな弊害を引き起こします（**図5**）。

図5　心理的距離の弊害

近すぎのケース	遠すぎのケース
過度の同情　抱え込み	なかったことにする　関わりたくない
「育て方が悪かったのかな」 「私が責任を取らないと」 「自分がなんとかしてあげないと」 「私しか頼る人がいない」	見て見ぬふりをする 軽視する 話題にしない 秘密にする 口外しないように口止めをする
結果 ・本人の問題を解決する力を妨げる ・誰の問題かわからなくなる ・互いに依存する共依存の関係性の醸成	結果 ・本人が何に悩んでいるのか理解できない ・子どもが孤立する ・孤独を助長し問題解決にならない

①心理的距離が近すぎる場合

　心理的距離が近すぎる場合は、過度な同情やこの問題を一人で抱え込みすぎてしまう状況などが生じます。もし、サポートする教師が「自分がなんとかしてあげないと」「私しか頼る人がいない」と感じていたら、心理的距離が近すぎると自覚してください。

　また保護者でも、「育て方が悪かった。自分が責任を取らないと」と自分の問題にすり替えてしまう方もいます。これは子どもの問題であり、子ども自身がリストカットの背後にある心理的問題と向き合わなければ解決しません。

　心理的距離が近すぎると、本人が自分で問題を解決することを妨げます。また、誰の問題かがわからなくなり、その結果、リストカットの背後にある心の傷を見えなくしてしまいます。

　また、サポートする側が、「自分がいないとダメだ」とその子を支えることに依存してしまい、子どももそれに依存しはじめ、いわゆる共依存という関係性ができてしまって新たな心の病態を生じさせます。

②心理的距離が遠すぎる場合

　心理的距離が遠すぎる場合は、見て見ぬふりをしたり、軽視したり、話題にしないなどの行動がみられます。この場合は、子どもを理解しようとする姿勢がないので、子どもに何が起きているのかわからないですし、リストカットもその根底の問題も解決が見込めません。事態は悪化するばかりでしょう。さらに、口外しないように口止めをしたり、秘密にしたりすると、子どもが孤立し、支援を受けられなくなるので問題解決になりません。

　リストカットは生きるための一つのストレスコーピングであること、アディクションなのですぐにはやめられないことを理解し、その背後にある子どもの生きづらさや悩み事をシェアしてもらうこと

が大切です。

　そして何より、子どもたちを支える教師自身も、誰かにケアされることが大切です。リストカットを見て心を痛めない人はいません。先生方の心の傷の手当てもしてください。

【参考引用文献】
●近藤卓『子どもの自尊感情をどう育てるか─そばセット（SOBA-SET）で自尊感情を測る』ほんの森出版、2013年

●「教師が知っておきたい子どもの自殺予防」文部科学省、2009年3月
https://www.mext.go.jp/component/b_menu/shingi/toushin/__icsFiles/afieldfile/2009/04/13/1259190_12.pdf

●松本俊彦『自傷・自殺する子どもたち』合同出版、2014年

●By Their Own Young Hand: Deliberate Self-harm and Suicidal Ideas in Adolescents. Keith Hawton, Karen Rodham, Emma Evans, (Col)　Jessica Kingsley (2006)

●Raised plasma metenkephalin in patients who habitually mutilate themselves
J Coid, B Allolio, L H Rees　Lancet 1983 Sep 3;2(8349):545-6.
https://pubmed.ncbi.nlm.nih.gov/6136696/

3　3次予防：自殺未遂者、自死遺児へのケアとサポート

　3次予防は、自殺が起きてしまった後のサポートです。学校で考えなければならないサポートには、親族が自死で亡くなった児童生徒へのサポートと、在校生や教職員の自死の後のサポートがあります。

　在校生が自死で亡くなった場合のガイドラインは、文部科学省の「教師が知っておきたい子どもの自殺予防」の中に「不幸にして自殺が起きてしまったときの対応」という章があり、学校がすべきことが詳しく記されています。一方、自死で親を亡くした子どものサポートについては触れられていません。

1　大切な人を自死で亡くした子どものサポート
■さまざまな精神的苦痛を経験する自死遺児の子どもたち

　2006年に自殺対策基本法ができ、自殺を未然に防ぐことだけではなく自殺者の遺族等の支援の充実を図ることも盛り込まれています。このことを受けて、各都道府県では自死遺族の支援窓口を設けており、さまざまな相談や遺族のわかちあいの会などが全ての都道府県で行われています。

　私も2006年から仙台市で自死遺族のわかちあいの会を開催し、ご遺族が気持ちを吐露できる場を作ってきました。自死に対しては偏見が多く、語れない死：サイレントグリーフと呼ばれたりもしています。自死遺族のわかちあいの会は、遺族が集まりそれぞれの想いを話せる場で、そこで語られたことは批判されたりしません。ありのままに受け止めてもらえる安心な場所です。かつ、その場で語られたことは外に漏れないようにスタッフにも参加者にも守秘義務があり、安全が確保されています。

　自死遺族のわかちあいの会を開催し、いろんな遺族の話を聴く中で、自死遺児たちの話も出てきました。自殺で命を落とす子どもたちは、年間数百人ですが、自死で親を亡くす子どもは、年間約1万人といわれています。教育現場でも、在校生が自殺したケースより、自死遺児と出会うケースのほうが圧倒的に多いはずです。

　自死遺児たちの中には第一発見者の子どももおり、その子たちの多くが「自殺と言ってはダメ」と口止めをされ、死別後のサポート：グリーフサポートはおろか、発見した時のトラウマのケアも受けられずにいました。

　「令和4年版自殺対策白書」のデータを見てみると、自殺の6割は自宅で起きており、手段は7割近くが縊死となっています。自宅で起きることが多いとすると、子どもが第一発見者になることもあるわけです。交通事故などの場合は事故現場を避けて通るということもできますが、自宅で自殺した場合、子どもたちはそこにずっと住み続けなければならず、それは本当につらい経験となります。

　このように、死別体験だけでなく、自死ということへの衝撃や第一発見者になったトラウマなど、いろんな精神的苦痛を子どもたちは経験します。そして、周りの大人たちも、自殺をめぐって混乱し、子どもたちをサポートする力も衰えています。

■大切な人を亡くした子どもの心理

　自死で大切な人を亡くした時の心理の説明の前に、死別を体験した子どもたちの心理について述べておきます。

　死別体験は、必ずいくつかの喪失体験と複合的に生じます。たとえば、「父親を亡くす」という死別体験をした子どもの場合、「父親」という存在だけではなく、「両親が揃っている家庭」や「経済的安定」、「今まで描いていた未来」も失うかもしれません。「経済的安定」の喪失から、さらに「今まで習っていた習い事」をやめなければなら

なかったり、場合によっては「転居・転校」を余儀なくされたりするかもしれません。

　このように、一つの死別体験は心理・社会的喪失も同時に派生して複合的喪失となり、喪失体験が抱える問題は多岐にわたることとなります。

■人それぞれに異なる「グリーフ」の反応

　大切な人を亡くした後に抱くさまざまな感情を「グリーフ」といいます。グリーフは「悲嘆」と訳されますが、私が遺族や遺児たちと接してきた中で、死別後の感情は悲しみだけではなく「ママのごはんを食べたいな」と思ったり、「パパの声を聴きたいな」と思ったりと、恋しい気持ちも多く聞かれました。私は、グリーフは単に「悲しみ嘆く」感情だけではなく、愛しさも含めすべての感情をさすと考え、「グリーフは悲しみや愛惜などさまざまな感情」と説明するようにしています。死別を体験した子どもたちは表1にあるように情緒面・行動面・身体面・社会面でいろいろな反応を示します。こうあるべきというグリーフの反応はなく、100人いたら100通りの反応があり、グリーフの歩みも人それぞれです。

　よく「死別体験のある子にはどんな症状が出ますか」と聞かれますが、何か障害や疾患、症状があるわけではありません。大切な人を亡くして、平気でいられる子どもはおらず、不眠や食欲不振といった反応を示す場合もあれば、学校に行きたくない気分に陥ったり、

表1　喪失体験後の子どもの反応

情緒面	悲しみ・怒り・泣く・恐れ・不安・気分のむら・抑うつ・興奮・罪悪感
行動面	乱暴・落ち着かない・はしゃぐ・上の空になる・何事もなかったように振る舞う・活気がない
身体面	頭痛・腹痛・倦怠感・めまい・食欲不振・不眠
社会面	退行・親から離れない・攻撃的な行動・ひきこもる・学習に集中できない

逆にはしゃいでいる様子で過ごしたりする子もいます。その子ども
それぞれにグリーフの反応があり、それは多くの場合は正常な反応
なのです。

　大人から見ると「急に成績が下がった」「学校に来なくなった」「宿
題をやらなくなった」「身体愁訴が増えた」と「問題」に映ること
がありますが、これらを単に問題行動ととらえず、グリーフの反応
であるという認識をして子どもたちの死別体験に寄り添うことが大
事になります。逆に、死別後、問題行動も起こさず過ごしている子
や、死別後にいい子で過ごす子どもは、グリーフが一見わかりにく
く、援助希求の低い子どもともいえます。

　また、「死別体験」そのものは過去の体験ですが、グリーフの歩
みはいつでも現在進行形で、子どもの成長とともに変化し続けます。
たとえば、１歳の時に親を亡くした子どもであれば、「大事な人の
不在」を感じはしますが「死」までは理解できません。言葉を覚え
るようになって「パパがいないの」と話すようになり、「なんで死
んじゃったの？」と尋ねるようになります。入学式や卒業式には「パ
パが生きていたらな」と新たなグリーフを抱えることになります。
結婚する時や自分が親になる時、自分が亡くなった親の年齢になる
時など、人生の節目でグリーフの反応が現れます。

■自死遺児の心理と抱える不安

　自死で親を亡くした子どもたちに見られる心理には、①なぜ自ら
死んだのか、何が原因なのかという疑問、②どうして気づかなかっ
たのか、止められなかったのか、親が死んだのは自分のせいだとい
う自責の念、③私は棄てられたのか、死んだ親が憎い、これまでの
ことは嘘だったのかという不信感、④もうひとりの親も死んでしま
うのか、自分も同じような道をたどるのかという不安、⑤お葬式の
とき「自殺」と言ってはいけないと言われた、みんな傷ついていて

家族とも亡くなった親のことを話せないなど、自死にまつわる偏見に関する苦痛があります。

〈自死遺児の心理〉
①疑問
　　なぜ自ら死んだの、何が原因なの
②自責
　　どうして気づかなかったのか、止められなかったのか
　　親が死んだのは自分のせいだ
③不信感
　　私は棄てられたのか。死んだ親が憎い
　　これまでのことは嘘だったのか
④不安
　　もうひとりの親も死んでしまうのか
　　自分も同じような道をたどるのか
⑤偏見
　　お葬式のとき「自殺」と言ってはいけないと言われた
　　世の中の偏見を感じる。自殺って言えない

　また、2001年のあしなが育英会による自死遺児95人へのアンケート調査では、32％の子どもが「親の死を自分のせいだ」と感じ、35％の子どもが「遺された母親も死ぬのではないか」という不安を抱え、20％の子どもが「自分も同じように死ぬのか」という恐れを抱いているという結果が出ています。

〈自死遺児の抱える不安〉
●「親の死を自分のせいだ」と思っていた　　　　　　　：32％
●「遺された母親も死ぬのではないか」という不安を　　：35％
　抱えていた
●「自分も同じように死ぬのか」という恐れを抱いていた　：20％

　病死と自死の、親との死別後の心理の違いとしては、自死の場合は「棄てられた」という感覚が強くなるため、他者への信頼感を失いがちで、他のみんなも自分を棄てていなくなるのではないかという不安に襲われます。また、自身の存在価値についても、「なぜ棄てられたのかな」「私をなぜ産んだのかな」という疑問を抱きます。さらに、「自分もいつか自殺してしまうのかな」という不安や社会の偏見もあり、自分は結婚できるのかと未来への展望を見失いがちになったりもします。

<h2>■親の死因を自殺と知らされていない子どもへの対応</h2>

　自殺の第一発見者となる子どもがいる一方で、親の死因が自殺であるということを知らされていない子どももまたたくさんいます。このような子どもに親の死が自殺であったという事実を知らせるべきか、または知らせないほうがよいのかを考えてみます。

　実はこの議論は、国内の自死遺族支援団体の中でも賛否が分かれているのが現状です。「知らないで済むのなら知らせないでよいのではないか」という意見と、「いつか知ってしまうかもしれないのだから、説明をしたほうがよいのではないか」という意見に分かれます。あるいは、「ある程度の年齢になって死を理解できるようになってからがよいのではないか」と、発達段階を考慮して知らせるべきという意見もあります。

　これまで私はたくさんの自死遺児たちと出会い、親子をサポートしてきました。その立場から「子どもは親の死について事実を知る権利がある」と思っています。ですから、子どもたちに親の死因について説明するようにしています。

　説明したほうがよいと思う理由は大きく2つあります。

　1つは、自殺だったということを隠しながら生活するのに必要なエネルギーの大きさです。残された保護者は、亡くなった親の死因

が自殺であったことを隠すためにいくつもの嘘を重ねなければなりません。あるいは、亡くなった人の話題が出るたびにビクビクして生活することになります。ここに費やされるエネルギーは膨大なものになります。

　２つ目には、もし他の人から「君のお父さんの死因は本当は自殺だったんだよ」ということを知らされた時の子どもへのダメージです。死因にショックを受けるだけではなく、残された親がずっと自分をだましていた事実を知ることになり、新たな喪失体験をしてしまいます。そうすると、その子は誰を信じていいのかわからなくなるでしょう。「君のお父さんの死因は本当は自殺だったんだよ」と言うような人が、善良な気持ちでそれを子どもに告げるとも思えません。

　これらのことを考えた時に、信頼できる人から事実を伝えるのがいいと私は考えます。その際、保護者には「感情ではなく事実として死因を伝えるようにしてください」とお伝えしています。

　たとえば「あんたのお父さんはね、借金を作った挙句、私たちを遺して、勝手に死にやがったんだよ！！」と感情で伝えたとしましょう。その場合、子どもは新たに心の傷を負ってしまいます。

　「お父さんは自ら命を絶った」という事実を伝えること、そして子どもが「なんで？」とか「どんなふうに？」と詳しく聞いてきた際は、その子にわかる範囲で誠実に答えることが大切です。伝える側がそのことをうまく言葉にできない時は「私もまだうまく心の整理ができていなくて今は説明が難しい。いつか話せるときがくるまで待って」と率直に、無理のないように伝えることも大事です。

　実際に私も、子どもたちに親の死因が自死であったということを告げるお手伝いをしてきましたが、どれも「伝えてよかった」というケースばかりでした。

　「子どもに死因を伝えたら、『ママはそのことを一人で抱えてきて

いたの？』と言ってくれた」「それまではばれるのが怖くて話題にできなかったけれど、自殺と告白してから、亡くなった人のことを子どもと話せるようになった」「伝えた当初は不安定になったけれど、徐々に受け入れていってくれた。過酷な事実を受け入れる力が子どもにもあるのだとわかった」という言葉をもらったこともあります。

　子どもがかわいそうとか、子どもには受け止められないのではないかという発想は、私たち大人が子どものレジリエンスを低く見ているから生まれるのかもしれません。それと同時に、伝えるのが怖いという私たち大人の問題を「子どもには伝えないほうがいいだろう」と合理化して逃げているだけなのかもしれません。私たちが思っている以上に、子どもには困難な状況に適応する力があります。

　自死を伝えるプロセスは、考慮しなければならないことがそれぞれのケースで異なってくるので、親の自死を子どもに伝えるということを学校の先生だけでやることは現実的ではありません。自死を伝える保護者の心の準備も必要ですし、心のケアも必要です。自死遺児のサポートをしている団体（102頁参照）などに相談をしながら、保護者と子どもを支えていく必要があります。

2　自死遺児へのサポートの実際
■学校に求められる日常の中でのサポート

　死別後のグリーフサポートには学校や親戚、地域などのコミュニティ、社会制度など日常のサポート、遺児たちの集まるプログラムやグリーフキャンプなどの非日常のサポート、専門家によるサポートの3つの段階があります（**図1**）。

　学校では、第1段階として、日ごろの学校生活の中でのサポートが求められます。親族が自死で亡くなったとわかった時は、子どもに声をかけるようにしてください。その際に、他の死因と区別する

図1　グリーフサポートの３つの段階

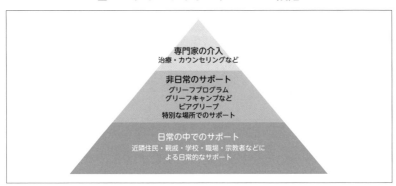

専門家の介入
治療・カウンセリングなど

非日常のサポート
グリーフプログラム
グリーフキャンプなど
ピアグリーフ
特別な場所でのサポート

日常の中でのサポート
近隣住民・親戚・学校・職場・宗教者などに
よる日常的なサポート

ことなく、自然にお悔やみを伝えることが大切です。過剰な同情は、子どもたちを卑屈にさせたりみじめな思いをさせたりします。そして、何かできることがあったら、いつでも相談にくるようにと伝えるようにしてください。

　中には死因が明らかではないものの、どうも自殺なのではないかと思われるケースもあります。ご遺族が死因を隠している場合はそれを尊重するようにしてください。一方で、親族の自死によるトラウマから普段と異なる行動をとる子どももいます。子どもに変化があり、保護者と連携をとらなければならない場合は、亡くなった親の死因を確認して、その子にできるサポートを家族と学校が一緒に考えるようにすることが必要です。

■自死遺児と接する時に気をつけること

　自死遺児から何かを相談をされた時は、2でも述べた「オウム返しと詳しく聴く」ということに徹してください。ジャッジしたり、アドバイスをしたり、励ましたりしないようにして、子どもの見えている情景をみさせてもらってください。以下は、遺児と接する時の留意点です（**表2**）。

①アドバイスしない

　話も聴かないでアドバイスをすると、子どもは「わかってもらえなかった」「聞いてもらえなかった」と思います。大人はどうしても解決をしたいと思いがちでアドバイスをしてしまうのですが、子どもはアドバイスで混乱することもあります。アドバイスは求められた時にするように心がけてください。

②励まさない

　自殺ということを教師自身が受け容れられず、心理的な逃避として陽気に振る舞ったり、「なかったこと」のように振る舞ったりすることがあります。なかったことのようにされると、亡くした人への尊厳を傷つけられますし、子どもはグリーフを軽視されたように思います。明るく振る舞い安易に勇気づけることをせず、ありのままの子どもを受け止めてください。

③意味づけをしない

　どうしても子どもを勇気づけたり、励まして前を向かせたりしたいという気持ちが強くなると、「時間が解決してくれる」と元気づけようとしたり、「神様は乗り越えられる試練しか与えない」「この経験にはきっと意味がある」などそのことの意味づけをしがちになります。喪失体験をどのように人生の中に位置づけ意味づけをしていくかは、本人にしかできない作業です。勝手に意味づけをしないようにしてください。

④不誠実な態度をとらない

　子どもが感じていることを共有してもらうことは大切な支援ですが、興味本位で自殺のことを詮索することはしないでください。また、本人から聞いたことを不用意に他言したり、不確実なことや予想の話を広めたりすることのないようにしてください。これは意外とやってしまいがちな行為なので、教師同士でこのような情報の拡散がないように、しっかりと情報管理をするようにしましょう。

表2　自死遺児への対応

①アドバイスしない
・話も聴かないでアドバイスをすると、聞いてもらえなかったと思う
・アドバイスで混乱することもある
・求められたらアドバイスをする
②励まさない
・陽気に振る舞うと「なかったこと」にされたような気分になる
③意味づけをしない
・「神様は乗り越えられる試練しか与えない」など勝手に意味づけない
・意味づけは本人がするもの
④不誠実な態度をとらない
・興味本位で自殺のことを詮索しない
・噂を広めない
⑤決めつけない
・きっとこんな気持ちだろうと想像して決めつけない
・私はあなたがわかる（同じような経験をしたから）、遺族の心理は
　○○だとステレオタイプの理解をしない

⑤決めつけない

　グリーフの反応は100人いたら100通りです。本書の中でも遺児の心理や自死遺児の特徴などを述べましたが、本書を読んで、「わかった」ような気にならないようにしてください。その子のことは、その子に聞かないとわかりません。私自身よく「グリーフの専門家」と言われることがありますが、そのたびに「私はグリーフの専門家ではありません。その人のグリーフに最も詳しいのはその人自身です」と言うようにしています。

　本書に記されていることは、いろいろな自死遺児から話を聴いて、共通している、あるいは多くの自死遺児に見られる傾向にしかすぎ

ません。目の前の子どもの気持ちを「きっとこんな気持ちだろう」と想像して決めつけることなく、丁寧にそのグリーフに触れ、情景をみさせてもらってください。

　また、子どもの話を聴く中で「わかるわかる、私もお父さんをがんで亡くしてね……」などと、自分のグリーフの話をしだす大人もいます。そうすると、子どもは聞き役になってしまいます。また、「死別体験」という体験自体は同じですが、死因や関係性などによりそのプロセスや感情は全く異なります。「わかるわかる」と安易に言うと、「わかってもらえない」という気持ちにさせてしまいます。その子どものグリーフについて最も詳しいのはその子自身ということを念頭に、誠実に話を聴いてあげてください。

■グリーフサポートの場につなげる、相談する

　第2段階の非日常のサポートとして、死別を体験した子どもをサポートする場が、全国で24ヵ所あります（**表3**）。グリーフプログラムでは遺児たちが集まり自分たちの経験を語り、共有し、歩みを互いに勇気づけることが可能となります。どのようなグリーフの表現でも受け容れられる安心な場であり、またそこで語られたことは外に漏れない安全な場です。

　グリーフプログラムに通う多くの子どもたちが、普段の生活の中で「亡くした人のことを語れる場がない」と言います。安心して亡くなった人の話ができる場所は、子どもたちにとって大きな力になります。同じような経験を持つ子どもたちと過ごすことで、孤独感から解放されます。また、お互いの話に耳を傾け、どのようにこのグリーフから生活を再構築していくかを互いに学びます。

　子どものグリーフサポートの場はこの10年で数が増えていますが、アメリカでは全米で500ヵ所以上の場があり、この数に比べると、わが国の子どものグリーフサポートはまだまだスタート地点

表3　子ども向けグリーフサポート活動を実施している団体

	子ども向けグリーフサポート活動を実施している団体（URL、メールアドレスは連絡先）
北海道	【札幌市】グリーフサポート SaChi　http://gs.hvlb.org
岩手県	【陸前高田市】陸前高田レインボーハウス（以下、＊のURL同様） https://www.ashinaga.org/activity/emotional-care/
宮城県	【仙台市】NPO法人子どもグリーフサポートステーション 【石巻市】石巻レインボーハウス＊ 【仙台市】仙台レインボーハウス＊ 【東松島市】東松島子どもグリーフサポート
福島県	【福島市】NPO法人 ReLink（りんく）　http://relinkf.com/
茨城県	【水戸市】グリーフサポートいばらき　ぶるーすかい gurisapoibaraki@gmail.com
東京都	【板橋区】グリーフサポートステーションサンザシの家 【世田谷区】一般社団法人グリーフサポートせたがや　http://sapoko.org/ 【港区】NPO法人暮らしのグリーフサポートみなと https://www.griefminato.org/ 【練馬区】一般社団法人 The Egg Tree House http://www.eggtreehouse.org/ 【千代田区】NPO法人グリーフサポートリンク http://www.izoku-center.or.jp/ 【三鷹市】日本ルーテル神学校グリーフサポート研究会 【荒川区】AIMS　https://www.aims-japan.org/ 【日野市】あしなが心塾レインボーハウス＊
千葉県	【柏市】NPO法人とうかつ・生と死を考える会 https://grief-care-kashiwa.amebaownd.com/
富山県	【高岡市】【魚津市】グリサポとやま（高岡会場／魚津会場） https://gurisapotoyama2015.wixsite.com/gurisapo
愛知県	【名古屋市】グリーフサポートあいちこどもの森 https://www.gsakodomonomori.org/
兵庫県	【神戸市】神戸レインボーハウス＊
大阪府	【大阪市】NPO法人 AIMS　https://www.aims-japan.org/
福岡県	【福岡市】NPO法人こどもグリーフサポートふくおか http://www.grie-fuku.com/
山口県	【防府市】グリーフサポートやまぐち https://griefyamaguchi.amebaownd.com/
宮崎県	【宮崎市】宮崎グリーフケア研究会　たんぽぽの会

です。近くにプログラムがある場合は、ぜひ子どもたちをつなげて
あげてください。あるいは、どんなふうに自死遺児と接していいか
わからない時は、グリーフプログラムを持っている団体に相談をし
てみてください。各団体は、たくさんの自死遺児に出会ってきてい
ますので、きっと参考になる助言をもらえると思います。

■ハイリスクの場合は専門家につなげる

　第3段階は、専門家によるサポートです。グリーフの反応の多く
は正常な反応ですが、中には不登校になったりリストカットを繰り
返したり、うつ状態を呈する子どももいます。そのような場合は専
門家につなげて診てもらいます。

　また、自殺の現場の第一発見者になった子どもも少なからずおり、
このような子どもたちに対しては、トラウマケアの専門機関につな
げて治療・ケアしていく必要があります。

3　在校生・教職員が自殺した場合

■在校生が自殺した場合に特に注意が必要な子ども

　在校生の自殺はその家族はもちろんのこと、子どもたち、教職員
の心にショックを与えるとともに、深い悲しみや後悔などの気落ち
を引き起こします。在校生が亡くなった時、まず守らなければなら
ないのは、かけがえのない子どもを亡くされたご遺族です。ご遺族
に対しては心からの弔意を示すとともに、教職員・在校生も悲しい
気持ちでいることを率直に伝えてください。

　文部科学省の「教師が知っておきたい子どもの自殺予防」の中で、
在校生が自殺した場合の対応のガイドラインが示されていますの
で、詳しくはそちらを参照してください。ここでは、実際の声かけ
や注意すべきことを解説します。

　在校生が自殺した場合、特に注意が必要な子どもは、その子と親

しかった子どもと、もともと希死念慮があるなど精神的に不安定な子どもです。親友・恋人・同じクラス・同じ部活・同じ地域に住む子ども・日ごろ死にたいと訴える子・精神疾患のある子・リストカットなどの自傷行為のある子などがその対象になります。さらに学内が自殺現場になった場合でその現場を見た子どもも対象となります。教職員も同様です。その子とのかかわりが深かった教職員や、第一発見者になった教職員は特にケアの必要性が高いです。

　誰がケアの必要性が高いかをリストアップして、全教職員で丁寧にサポートするようにしてください。

〈特に注意すべき子ども〉
●自殺した子どもと関係の深い子ども
●もともとリスクのある子ども
●現場を目撃した子ども

■在校生が自殺した場合の子どもたちの反応

　在校生が自殺した場合の子どもたちの反応として、遺児の心理と同じように、死への恐怖、一人でいるのが怖い、何もなかったように振る舞う、食欲不振、悪夢、不眠、腹痛、倦怠感等が見られます。
　「あの時、声をかけておけばよかった」「自分のせい」などの自責の念や、「○○さんが原因だ」と他者を責めたり、犯人捜しをしたりすることがよく見られます。

〈在校生の自死後の子どもたちの心理〉
・自分を責める　・他者を責める　　・犯人捜し
・死への恐怖　　・一人でいることが怖い
・何もなかったように振る舞う
・食欲不振・悪夢・不眠・腹痛・倦怠感　等

　現場を見たり、遺体に直接対応したりした児童生徒・教職員は、その時の光景、感情などが、その後も突然よみがえり、あたかもその場にいるような体験が繰り返されてしまうことがあります。これはフラッシュバックと呼ばれるトラウマによって起きる症状の一つです。悪夢を見る場合もありますが、子どもの場合、授業中にいきなり奇声を発するなどの混乱がみられることもあります。このような症状が強い場合は、医療機関につながるように支援してください。心的外傷後ストレス障害の主な症状は**表4**に示します。

表4　心的外傷後ストレス障害（PTSD）の主な症状

恐怖・無力感	強い恐怖と無力感、戦慄を覚える。
侵入症状	当時の記憶が突然フラッシュバックする。その時の感覚がリアルによみがえる。悪夢を見る。 子どもの場合はっきりしない混乱が多い。
過覚醒	感情が張りつめて緊張状態にある。睡眠障害・集中力の低下・易怒的・過度の警戒心や驚愕反応（ちょっとしたことでびくつくなど）。
回避症状	その体験を思い出せない。原因となった状況を避ける（自殺現場を通らない・教師の場合子どもと関わるのが怖いなど）。 薬物やアルコールなどに逃げて依存してしまう場合がある。
認知と気分の陰性の変化	感情が鈍くなる。関心や希望が持てない。出来事をきっかけに、自分や周囲の人間が変わってしまったように感じる。誰も信用できない。楽しめないなど。

これらの症状は、自殺が起きた後、数日後から発症する。１ヵ月経過するまでに症状が消失した場合は、「急性ストレス障害」と診断される。１ヵ月経過しても持続する場合、１ヵ月以上経過してから症状が顕著になる場合は、PTSDと診断される。

■学校の対応ガイドラインを作ることで遺族・子ども・教職員を守る

　今、みなさんの学校で在校生の自殺が起きたと想像してみてください。みなさんの学校には、それに対応できるガイドラインやマニュアルがありますか。

　私が介入した、在校生の自殺が起きた学校の先生方のほとんどが、「まさかうちの学校で自殺が起きると思わなかった」とおっしゃいます。「自殺が起きるだろう」と思っている学校はなく、どこも「起こらないだろう」と思っていて、実際起きると、どうしたらいいのかわからず混乱に陥り、その混乱の中で情報管理を誤ったり、遺族を傷つけてしまったりというアクシデントが起きています。災害や危機状態の時に「うちは大丈夫だろう」と心の安定を図るメカニズムである「正常性バイアス」が、ここでも働いています。

　どこの学校も「自殺が起きてほしくない」と思うあまり、それを想像するのも恐ろしく、「うちは起きないだろう」という心理的防衛が働き、その結果、自殺が起きたことを想定したガイドラインを作らないということが多くあります。

　文部科学省の「教師が知っておきたい子どもの自殺予防」で示されたガイドラインを再度見直して、自分たちの学校に合ったガイドラインを作っておくことを強くお勧めします。ガイドラインは遺族を守るために役立ちますし、子どもや教職員に必要以上に心の負担を与えないことにもつながります。学校生活を１日でも早く通常に戻すためにも必要なツールなのです。

　文部科学省の「教師が知っておきたい子どもの自殺予防」では、①校長を中心とする管理職、②学級担任、部活動顧問など、③養護教諭、教育相談担当者などについて役割が示されています。

　校長は、遺族への対応を行い、保護者会、記者会見などで前面に立ちますが、これまでのケースでは遺族への対応や保護者会・記者会見などで不用意な発言をして遺族を傷つけてしまったり、保護者

を混乱させたりすることが散見されています。これは、ここまで述べてきた遺族の心理を理解していなかったり、自殺が起きた後の対応のガイドラインがなかったりするために、必要以上に混乱していることが大きな要因です。

　日頃から、自殺が起きた場合の対応の知識を持っておくことは必要です。また、教育委員会のサポートや、在校生に対しては保護者らの協力も必要になります。

■情報の取り扱いと発信に細心の注意を払う

　在校生が自殺した場合に、情報の取り扱いはたいへん重要になります。保身のために学校に不都合な情報を出すことをためらっていると、即座に信頼をなくし、その後の対応のすべてに影響して統率が取れなくなります。可能な限り正確な情報発信を心がけることが必要です。また、憶測や噂話が出やすいのも自死の特徴です。情報発信をする際は憶測で物を言わないようにし、憶測や噂話が飛び交っている場合は正確な情報で訂正してください。

　この際も、最優先されるのはご遺族の意向です。ご遺族がその情報公開を望まない場合は、ご遺族の意向で公開できない旨を説明してください。もし、ご遺族が事故死として扱うという意向であれば、それを尊重してください。

　ただ、噂などで広がった場合には子どもや保護者たちから不信感を抱かれる可能性があります。その際は、「ご家族からは〇〇と聞いています」などの表現で伝えるようにし、ご遺族を傷つけない配慮をしてください。

　序章（13頁）でも具体的に紹介していますが、自死報道については後追い自殺の防止の観点から、WHO（世界保健機関）が次のような提言をしています。

〈WHOの自死報道の提言〉
●報道記事を目立たせない、過度に繰り返さない
●センセーショナルに表現する言葉、よくある普通のこととみなす言葉を使わない、前向きな問題解決策の一つのように紹介しない
●手段を明確に表現しない
●発生現場や場所の詳細を伝えない
●センセーショナルな見出しを使わない
●写真、ビデオ、デジタルメディアへのリンクを使わない

　これらのWHOの提言を守れていないのが日本の報道です。もし、報道機関等から遺書や写真の公開を求められたり、手段を聞かれたりした場合は、WHOの自死報道の提言に沿って応じるようにしてください。これは、ご遺族と在校生を守るためにも必要なことですし、子どもたちの後追い自殺を防止するためにも必要な措置です。

　また、自殺の原因は一つではありません。あたかもそれが原因だと勘違いされるような情報提供をしないように留意してください。インターネットでもさまざまな情報が瞬時に拡散されます。子どもたちにもSNSで情報を拡散しないよう指導してください。

　「これ以上誰も傷ついてはならない」これが3次予防の目指すところです。

　クラスメートへの説明は担任が行うことになりますが、この際も学校全体で何をどういう表現で伝えるか統制を図り、それを伝える教師の心のサポートも行ってください。

　学校再開についてはその状況によりますが、学校再開後の全校集会などで大人数を対象に校長から自殺の事実を伝えると、パニックを起こす子どもも出てきます。集会で伝えるのか校内放送で伝えるのかなど、伝える方法も吟味し、校長からは死の事実を伝えるに留め、自殺についてはクラスで担任から伝え、在校生の安全を確保してください。

　葬儀などの参列や亡くなった児童生徒の卒業アルバムへの掲載なども、ご遺族の意向に沿ってください。在校生たちが「お葬式に行きたい」と強く希望した場合でも、その旨をご遺族にお伝えしたうえで、ご遺族の意向に沿うようにしてください。

　在校生が亡くなった場合の3次予防で最も大切なことは、ご遺族を守ること、次に子どもたちを守ることです。そして、そのことで誰かが責められたり、傷ついたりしないこと、後追い自殺が起きないようにすることです。

　一人の子どもが亡くなると、周りの人たちはみんな、非常につらい気持ちになります。今まで体験したことのないほどの悲しみを味わいます。何度も申し上げます。もう、それ以上、誰も傷ついてはなりません。もう、それ以上、誰も死んではなりません。これが、自殺が起きてしまった後、私たちが立ち戻るところです。

【参考文献・サイト】
●「教師が知っておきたい子どもの自殺予防」「第5章　不幸にして自殺が起きてしまったときの対応」文部科学省、2009年3月
　https://www.mext.go.jp/component/b_menu/shingi/toushin/__icsFiles/afieldfile/2009/04/13/1259190_8.pdf

●「令和4年版自殺対策白書」厚生労働省
　https://www.mhlw.go.jp/stf/seisakunitsuite/bunya/hukushi_kaigo/seikatsuhogo/jisatsu/jisatsuhakusyo2022.html
●自死遺児編集委員会・あしなが育英会編『自殺って言えなかった』サンマーク出版、2002年
●髙橋聡美共著『死別を体験した子どもによりそう』梨の木舎、2013年
●髙橋聡美編著『グリーフケア死別による悲嘆の援助』メヂカルフレンド社、2012年
●髙橋聡美監修『子どものグリーフを支えるワークブック』梨の木舎、2013年

3章

自殺しない・させない
子どもをどう育てるか
──自殺予防のための授業

I　自殺予防のための授業

1　自殺予防教育の枠組み

■文科省・厚労省からの通知

　2017（平成29）年の自殺総合対策大綱改正の中で、SOSの出し方教育を学校で行うように明記され、2018（平成30）年1月に、文部科学省初等中等教育局児童生徒課長と厚生労働省大臣官房参事官（自殺対策担当）の連名で、「児童生徒の自殺予防に向けた困難な事態、強い心理的負担を受けた場合などにおける対処の仕方を身につける等のための教育の推進について」という通知文書が都道府県教育委員会担当課長等宛てに発出されました。

　通知の要点として、まず1点目に、学校の教職員で自殺予防教育の実施体制をつくることもいいですが、SOSの出し方教育に関しては保健師など外部の専門職を活用することも有効とされています。その理由として、①市町村、地域包括支援センター、市町村社会福祉協議会等に所属する保健師、社会福祉士等の専門職がSOSの出し方に関する教育に参画することにより、児童生徒に対して自らが必要に応じて相談相手になり得ることを直接伝えることができる、②児童生徒の保護者も含めた世帯単位での支援が可能となる、③学校と地域の専門家との間での協力・連携関係の構築につながることが期待され、地域生活課題の解決に資するということをあげています。

　2点目は、「24時間子供SOSダイヤル」や「チャイルドライン」などの相談窓口の周知などの情報提供を同時に行うことが示され、3点目に、児童生徒の発達段階に応じ、「各学校の実情に合わせて教材や授業方法を工夫する」となっています。4点目は子どもたち

にSOSの出し方だけではなく友達のSOSの受け止め方についても伝えることが示され、その実施にあたっては、電話相談事業を行っている民間団体等に協力を依頼することが示唆されています。5点目はこの教育自体がさまざまな事業の中の一部であることが強調され、積極的に本事業を活用することが示されています。

　この通知の要点を下記に示します。

　　1.　自殺予防教育の実施体制については、手引において、子供の最も身近な存在である担任教師主体でなされることが望ましいことや、養護教諭、スクールカウンセラー等がティームティーチングという形でクラスに入ることのメリット等が記載されているが、SOSの出し方に関する教育を実施するに当たっては、以下の観点から、保健師、社会福祉士、民生委員等を活用することも有効であること。

　すなわち、市町村、地域包括支援センター、市町村社会福祉協議会等に所属する保健師、社会福祉士等の専門職がSOSの出し方に関する教育に参画することにより、児童生徒に対して自らが必要に応じて相談相手になり得ることを直接伝えることができることや、児童生徒の保護者も含めた世帯単位での支援が可能となること、学校と地域の専門家との間での協力・連携関係の構築につながることが期待され、地域生活課題の解決に資するものであること。

　　2.　SOSの出し方に関する教育は、大綱にあるとおり、命や暮らしの危機に直面したとき、誰にどうやって助けを求めればよいか具体的かつ実践的な方法を学ぶ教育である。このことを踏まえ、当該教育を実施する際は、児童生徒からの悩みや相談(SOS)を広く受け止めることができるよう、「24時間子供SOSダイヤル」や「チャイルドライン」などの相談窓口の周知を行うことが望ましいこと。

　　3.　SOSの出し方に関する教育の実施に当たっては、児童生徒の発達段階に応じた内容とすることが重要であることを踏まえ、例えば、手引を参照するとともに、健康問題について総合的に解説した啓発教材を必要に応じて活用するなど、各学校の実情に合わせて教材や授業方法を工夫することが考えられること。

4．児童生徒の自殺を予防するためには、心の危機に陥った友人への関わり方を学ぶことが重要である。このため、SOSの出し方に関する教育を実施する場合は、SOSの出し方のみならず、心の危機に陥った友人の感情を受け止めて、考えや行動を理解しようとする姿勢などの傾聴の仕方（SOSの受け止め方）についても児童生徒に対し教えることが望ましいこと。また、実施に当たっては、電話相談事業を行っている民間団体等に協力を依頼することが考えられること。

　5．SOSの出し方に関する教育は、「地域自殺対策強化事業実施要綱」（平成28年4月1日付け社援発0401第23号厚生労働省社会・援護局長通知）3（4）に規定する「普及啓発事業」又は3（7）に規定する「若年層対策事業」に該当するとともに、3（13）において「当該地域において特に対策が必要と考えられる世代及びリスク要因に対象を限定した事業」と規定している「地域特性重点特化事業」（補助率10/10）にも該当し得るものであるので、都道府県においては、地域の実情に応じて積極的に本事業を活用するよう、この旨を管内市町村へ周知されたいこと。

■教材・授業案の自治体レベルでの作成の必要性

　ここで、この通知の難点をいくつか指摘しておきたいと思います。

　いろいろな自治体・学校とSOSの出し方教育・自殺予防教育について検討を重ね実施してきましたが、誰がこの授業を担うのかということは、非常に大きな課題だと認識しています。

　たとえば東京都足立区では保健師が出前授業を行う形をとっていますが、今回の新型コロナウイルス感染症の感染拡大において、全国的に保健師の数がギリギリで、ひとたび公衆衛生上の問題が生じると、全く身動きが取れないという実態が露呈しました。今の地域保健体制のままで、自殺予防教育を保健師に任せるというのは、かなりの負担があります。

　通知であげられている社会福祉士も、そもそも身体・精神上の障害がある人や日常生活を営むのに支障がある人にサービスを提供する専門職であって、青少年教育の役割を担っているわけではありま

せん。当然のことながら、子ども向けの教育を行うための専門的知識を持ち合わせていないのが通常で、教材作りから要求するのはかなり無謀な話と思われます。

　子どもたちのSOSの受け止めの教育に関しても、電話相談事業を行っている民間団体等に協力を依頼することが推奨されていますが、電話相談事業を行っている民間団体が全市町村にあるわけではないですし、リソースの豊かな地域でしか実現できないだろうと考えます。

　そうした時に、若年者自殺対策担当の保健師を増やして保健師にそれを担ってもらう、または教師・養護教諭・スクールカウンセラーに授業を行ってもらうということが現実的です。しかし、教師・養護教諭・スクールカウンセラーが授業を行うにしても、現在の教職員の過酷な労働状況から考えて、一から教材・授業案を作成するのは過重な負担となります。ですから、教材・授業案を自治体レベル（できれば都道府県レベル）で作成し、それをもとに行うことが望ましいと思われます。授業のコンテンツと授業方法が統一されることにより、学校ごとのばらつきもなくなり、ある程度の質が担保されることが期待されます。

　また、文部科学省が「子供に伝えたい自殺予防（学校における自殺予防教育導入の手引）」で示している自殺予防教育の導入例は、事前に児童生徒にアンケート調査を行う、保護者に同意を求めるなど、通常の授業と異なる形態のため、教育現場で日常的に実施するにはかなりハードルの高いものとなっています。

　これらの教育を、継続してどこの市町村でも行えるようにするためには、特別な授業とするのではなく、通常の学校の教育活動として位置づける必要があると考えられます。そのためにも、SOSの出し方教育・自殺予防教育を担う教師・講師が使える共通の授業案と教材があることは必須だと考えます。

2 SOSの出し方教育のコンテンツ

■心の痛みに気づく──心の問題の早期認識

　まずは、優先的にサポートが必要な子どもたちを念頭に、自分の心の痛みに気づくこと（心の問題の早期認識）ができるようにするための教育が必要となります。虐待を受けている子どもは、「自分が親の期待に応えられていないから仕方ない」「自分がこのような扱いを受けるのは当たり前だ」「親が自分を叩くのは自分のせいだ」と思っていることも多く、心の痛みに気づいていない場合もあります。ですから、心の痛みに気づくことから伝えていく必要があります。

　心の痛みと言った時に、「死にたいほどの心の痛み」ととらえがちですが、まずは自殺に至るもっと手前の段階の、勉強についていけない、友達とうまくいかない、親子関係の不和、部活動の悩みなど、生活の中での身近な心の痛みの話を話題にします。

　「みなさんはどんな時に、『嫌だな』とか『悲しいな』と思いますか？　友達と喧嘩した、からかわれた、失敗した、親に叱られた、先生に認めてもらえなかった、友達が転校した、失恋した、いろいろな心の痛みがあります」と、子どもたちの体験を想起させます。「もしかしたら、その時は平気だと思っても、自分に『大丈夫？』と聞いてあげてください。後からでもかまいません。『あの時嫌じゃなかった？』とか『あの時、結構傷ついたよね』と自分に聞いてみてください。そうすると、あ、本当は傷ついていたと気がつくことがあります。心の痛みに気づくにはまず、自分で聞いてみてあげてください」と具体的に説明をします。

■心の痛みを伝える──援助希求行動の育成

　次に、心の痛みの伝え方を説明します。私は子どもたちにいつもこのように説明をしています。「体の傷は見えるよね？　血が出て

いたら、大人たちは消毒したり絆創膏を貼ってあげたり君たちの傷の手当てをします。心の傷はどうだろう？　心の傷は体の傷みたいに見えないよね？　どうやったら見える？　言わないと見えない。心の傷は君たちが言葉にしてくれないと見えない。誰も気づけない。だから言葉にして心の傷・痛みを伝えてください」。

　そして、そのことに対処することについて「体の傷は手当てをすると傷が治るよね。心の傷も同じです。手当てをすれば今よりは絶対によくなります。だから、心の傷を言葉にして見せて手当てを受けてください」と説明したうえで、3人目までの大人に相談するように説明をします。

　SOSを出すことに「どう思われるだろうか」「格好悪いとか弱虫と思われるのではないだろうか」と不安に思う子どももいるので、私はよくアニメのキャラクターを出して、たとえ話で引用しています。

　「強い」と思うキャラクターでも、苦手なものがあったり、長い時間は戦えなかったり、「怖い怖い」とおびえていたり、すぐに弱音を吐いたりするなど、弱点を持つキャラクターはたくさん存在します。そして、どのキャラクターも、ひとりで闘っているわけではなく、いつも仲間がいます。

　自分の弱点を理解し受け入れ、できない時は仲間に助けてもらうのです。あるいは「そっちは頼んだぞ！」と振り分け、全部ひとりで抱え込んだりしないわけです。

　どんなヒーローでもくじけることもあるし、失敗することもあり、できないこともある。そして、「助けて」と仲間に頼む勇気と判断力があるのです。自分の限界を自覚できることやSOSを出すことは、前に進むため、強く生きるために必要な力であるということを子どもたちに理解してもらうようにしています。

　SOSを出す援助希求行動について伝えた後は、お互いの話を聴くSOSの受け止め方の話をします。

　「お友達の様子を見ていて、『この子大丈夫かな』と思ったら『大丈夫?』と聞いてあげてくだい。気持ちは言わないと伝わりません。大丈夫かなと思ったら声に出して聞いてみてあげてください。そうしたら、もしかしたらそのお友達は自分では気づいていなかった傷ついている心の痛みに気がつくかもしれませんし、あなたに気持ちを話してくれるかもしれません」ということを伝えています。自分自身もSOSを出せること、そして困っている友達がいたら誰かのSOSをキャッチできる人になること、友達がSOSを出せるように手助けをすることまでがSOSの出し方教育となります。

　この教育の中で、私は「人は人に傷つきます。けれどもそれと同じように人に癒されます。人は一人では癒されません。ですから、つらいことがあったら、誰かに心の手当てを受けるようにしてくだい」といつも子どもたちに伝えています。一人でも多くの子どもが「助けて」と言えるようになることを願っています。そしてそのSOSの内容が小さければ小さいほど、自殺を確実に予防できると思っています。

図1　SOSの出し方教育の3ステップ

123頁以降に小学生・中学生・高校生それぞれを対象とした授業案を掲載していますので、ぜひ参考にしてください。

3　自殺予防教育のコンテンツ

SOSの出し方教育の他にも自殺を予防できるさまざまな教育があります。それは日頃、授業や学校活動の中でやっていることも含まれます。

たとえば、いじめに関する教育、道徳教育、コミュニケーション教育、保健体育での心の教育・健康に関する指導、性教育など、これらはすべて自殺予防につながります。

私は自殺予防教育の中で、主に「自分を大切にする」ことと「自分も相手も大切にする」ことを中心に授業を行っています。またSOSの出し方教育もそうですが、けっして「自殺」をテーマにしたものではありません。日ごろの小さな悩みや、人との衝突、嫌なものを断れるスキル、このようなものの積み重ねの結果が自殺を防ぎます。

■「自分を大切にする」授業

「自分を大切にする」授業では、まず「自分を知る」ことからスタートします。自分のよいところ、大切な人・こと・もの・希望などをあげてもらいます。大切な人は家族や友達、好きな人、ペットなどがあるでしょう。大切なこと・ものは部活動、趣味（音楽・スポーツなど）、勉強・健康などがあるでしょう。

ここにあげてもらった人・こと・もの・希望は、子どもたちの日常でストレス解消を手助けしてくれます。さらに、その子が困難な状況に陥った時、立ち上がっていくことを助けてくれる力——レジリエンスになります。この助けてくれる力が多ければ多いほど、困難な状況で強さを発揮できることになります。失敗した時でも立ち

上がっていく力（レジリエンス）は誰でも持っており、自分のレジリエンスを認識することによって心理的危機の時、力になります。

　たとえば、あなたが今、病気になったとしましょう。その時に、あなたを支えてくれる人は誰ですか？　支えてくれるもの・こと・希望は何ですか？　あなた自身の性格はその時、どんなふうに力を発揮しますか？　今、思い浮かべたもの、それがレジリエンスです。

　次に、自分の欠点についてもとらえ方を変えてみることをしつつ、自尊感情の育みを学びます。ストレスからも自分を大切にできるように、対処法（ストレスコーピング）について理解し、効果的なコーピング行動がとれるように学習します（162頁のワーク例参照）。

　さらに、心の病気に早く気づけるように、うつ・摂食障害・依存症・適応障害などの疾患の兆候についても説明をし、心を守る方法を知ってもらいます。

■「自分も相手も大切にする」授業

　自分も相手も大切にする授業では、コミュニケーションによって、互いの自尊感情を高め合うことを行います。自分や相手の性格や状況をマイナスにとらえずプラスにとらえてみるリフレーミングや、ポジティブな声かけをお互いに演習でやってみて、その後の気持ちを知るワークなどがあります（150頁のポジティブワードを使った会話ワーク例参照）。また、嫌なことを嫌と言えたり、誰かを攻撃しないコミュニケーションの方法を、アサーティブコミュニケーションで学びます（152頁のアサーティブコミュニケーションワーク例参照）。

　「自殺はだめ」「命は大切に」という道徳的な内容ではなく、自分の強みを知ったり、どうすれば周りとうまくコミュニケーションが取れるかなど、子どもたちの生きづらさを軽減することが軸となっています。

　これらの授業を受けた子どもたちの感想の中に、「今日学んだことは私の心を一生支えてくれると思います」というようなものも多く、生きるための力になると私も確信しています。

表1　自殺予防教育のコンテンツ例

自分を大切にする
【自尊感情の高め方】 　①自尊感情とは何かを知る 　②失敗した時の自尊感情のあり方を知る 【レジリエンス】 　①自分のレジリエンスが何かを知る 　②困難な状況の時、レジリエンスが助けてくれることを知る 　③自分も誰かのレジリエンスになる 【心の病気の理解】 　①ストレスとは 　②ストレスの対処法　ストレスコーピング 　③心の病気：うつ・摂食障害・依存症・適応障害など
自分も相手も大切にする
【リフレーミング】 　①誰かの欠点をポジティブにとらえる 　②自分の欠点をポジティブにとらえる 　③ポジティブな声かけをする 【アサーティブコミュニケーション】 　①アサーションとは 　②嫌なことを嫌と言えるスキル 　③誰かを攻撃しない言い方

図2　自殺のリスクの高い子どもに配慮した自殺予防教育

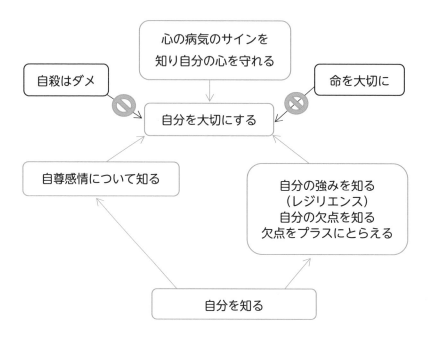

2 SOSの出し方教育・自殺予防教育の実践例

1 授業案

(1) 小学生対象：心の痛みの気づき方（髙橋聡美SOSの出し方）

本時の指導案（45分）

		学習活動	指導方法　留意点
導入	5分	自己紹介 授業の目的	今日は心の痛みについてのお話です。みなさんが生活の中で感じる、嫌な気持ちや悲しい気持ちを、どうやって解決していくかを一緒に考えていきます。 【今日の授業の内容】 1．心の痛み 　①心の痛みを感じる時 　②心の痛みを知る方法 　③心の痛みの対処法〜SOSの出し方〜 2．友達のSOSの出し方を手助けする ※この授業は一緒に考える授業であることを伝える。
展開1	10分	心の痛みを感じる時 心の痛みを知る方法	【発問】あなたはどんな時に「嫌だな」「悲しいな」と心の痛みを感じますか？周りの人とお話ししてみてください。 ●いくつかあげてもらう 例：友達と喧嘩した・いじめられた・悪口を言われた・からかわれた・失敗した・親に叱られた・先生に認めてもらえなかった・友達が転校した・失恋した、いろいろな心の痛みがある 【説明】もしかしたら、その時は平気だと思っても、自分に「大丈夫？」と聞いてあげてください。後からでもかまいません。「あの

			時嫌じゃなかった？」とか「あの時、結構傷ついたよね」と自分に聞いてみてください。そうすると、あ、本当は傷ついていたと気がつくことがあります。心の痛みに気づくにはまず、自分で聞いてみてあげてください。
展開2	10分	心の痛みの対処法 ・困りごとや心の痛みを言葉にして伝えること ・これまでの心の痛みの対処法を想起してもらう ・心の傷の手当てを受けること ・大人に相談する意味 ・SOSは3人目までの大人にあきらめないで伝えること ・信頼できる大人が必ずいることを伝える	【説明】体の傷は見えるよね？ 血が出ていたら、大人は消毒をしたり絆創膏を貼ったりとみなさんの傷の手当てをします。心の傷はどうだろう？ 心の傷は体の傷みたいに見えない。どうやったら見える？ 言わないと見えない。心の傷はみなさんが言葉にしてくれないと見えない。誰も気づけない。だから言葉にして心の傷・痛みを伝えてください。 【発問】心に痛みを感じた時。あなたはどうしてる？ ●周りの人と話して、いくつかあげてもらう 例：友達に話す、親に相談する、ゲームやスポーツで気を紛らす、など 【対処することについて】 ・体の傷は手当てをすると傷が治るよね。心の傷も同じです。手当てをすれば今よりは絶対によくなります。だから、心の傷を言葉にして見せて手当てを受けてください。 ・困ったことや傷つくことがある時、大人に相談してください。大人はみなさんより長く生きている分解決する方法をたくさん知っているからです。 ・1人目の大人があなたの悩みをちゃんと聞いてくれなかったとしましょう。あきらめないで2人目の大人に相談してみてください。2人目の大人もあなたの話をよく聞かず、あなたが悪いなどと決めつけたりしたとしましょう。3人目まであきらめないで大人に相談してみてください。

			・あなたの周りにあなたを守りたい、あなたの心を守りたいと思っている大人は絶対にいます。絶対にいるからあきらめないで、あなたの心の傷を見せてください。私たち大人に手当てをさせてください。
展開3	10分	SOSを出すことは弱い者がすることか	【説明】人に助けを求めたり、できないと弱音を吐いたりすることを、格好悪いこと、弱い人がすることと思っている人がいるかもしれません。 【発問】みなさんは強い人ってどんな人をイメージしますか？ ●周りの人と話して、いくつかあげてもらう 例：力持ちの人、自分の意見をはっきり言える人、自分の間違いを認められる人、人に優しい人、など 【説明】アニメのキャラクターの例を示す 　「強い」と思うキャラクターでも、苦手なものがあったり、長い時間は戦えなかったり、すぐに弱音を吐いたりするなど、弱点を持つキャラクターはたくさん存在します。 　そして、どのキャラクターもひとりで闘っているわけではなく、いつも仲間がいます。 　自分の弱点を理解し受け入れ、できない時は仲間に助けてもらうのです。あるいは「そっちは頼んだぞ！」と振り分け、全部ひとりで抱え込んだりしないわけです。 　どんなヒーローでもくじけることもあるし、失敗することもあり、できないこともある。そして、「助けて」と仲間に頼む勇気と判断力があるのです。ヒーローたちは弱音も吐きますし、仲間に助けを求めるSOSを出しながら、目的を達成しているのです。 　自分の限界を自覚できることやSOSを出すことは、前に進むため、強く生きるために

125

			必要な力です。 　みなさんも、自分はここまではがんばれると自分の限界を知って、つらい時は助けてと誰かに言えると、何か大変なことがあってもまた前に進むようになります。誰かに助けを求めるのは、強い人だからできることです。
展 開 4	5 分	誰かの心の痛みに寄り添うこと	【発問】みなさんはお友達がつらそうな時や、大丈夫かなと思った時はどのようにしていますか？ ●周りの人と話して、いくつかあげてもらう 例：大丈夫？と声をかける、話を聴く、一緒に遊ぶ、など
		友達のSOSの出し方を手助けする	【説明】自分の心を大切にすることと同じように、周りの人たちの心の痛みにも気づいてあげられることも大切です。お友達の様子をみていて、「この子大丈夫かな」と思ったら「大丈夫？」と聞いてあげてくだい。気持ちは言わないと伝わりません。大丈夫かなと思ったら声にして聞いてみてあげてください。そうしたら、もしかしたらそのお友達は自分では気づいていなかった傷ついている心の痛みに気がつくかもしれませんし、あなたに気持ちを話してくれるかもしれません。 　友達の心の痛みに気づいたら、誰か大人に相談をして手当てを受けるようにすすめてください。
まとめ	5 分	本日の授業のまとめ	・心の痛みに気づく ・心の痛みは言わないと見えない ・大人に言って手当てを受ける ・心の傷も手当てをすれば体の傷と同じように今より絶対に良くなる ・強い人は弱音を吐ける人 ・あなた自身が誰かのSOSをキャッチできる人になること、友達がSOSを出せるように手助けをすること

| | | 【まとめ】人は人に傷つきます。けれどもそれと同じように人に癒されます。一人では癒されません。なので、つらいことがあったら、誰かに心の手当てを受けるようにしてください。
　みんなの心がいつも平和であるように今日の学びを生活の中で活用してみてください。 |

(2)　中学生対象：SOSの出し方・受け止め方（岡山県の授業案）

中学校における自殺予防教育学習プログラムの例

１　**題材名**　困ったら助けを求めよう、困っている友達の助けになろう

　特別活動〔学級活動〕

　(2)　日常の生活や学習への適応と自己の成長及び健康安全

　　ウ　思春期の不安や悩みの解決、性的な発達への対応

２　題材について

○題材設定の理由

　思春期は、心身ともに大きな変化が訪れる時期で、内省的な傾向が顕著になり、自意識も強まることから、他者との関わり方や生き方についての悩みや、様々な不安を抱くようになる。しかし、固有の悩みや不安は、人に話せない自分だけの心の秘密であることから、誰にも相談できず、一人で抱え込んでしまい、問題が深刻化してしまったり、時には自殺に追い込まれてしまったりすることもある。

　悩みを抱え込んで追いつめられてしまう前に、誰かに相談するこ

127

と、周囲の人は様子がおかしいことに気付いたら声をかけてあげること、相談されたら誠実な態度で相手に関わること、さらに信頼できる大人に相談する（つなぐ）ことは、生涯を通じてのメンタルヘルスの基礎をつくるうえで重要なスキルとなる。

　そのため、この学習プログラムは、第１時で、まず、様々な感情を表している人物の表情から、その人物はどんな感情や気持ちを抱いているのかを考え、同じ表情でも人によって解釈が違うことや、心情を全て表しているものでもないことを理解する。次に、これまでに相談してよかったことを振り返ったり友達の体験を聴いたりして、悩みや不安を抱えたときには誰かに相談することのよさを理解する。

　第２時では、どんな時にどんな気持ちになっているのか自分を振り返り、それを言葉で表現し、友達の気持ちを傾聴したり、第三者としてその様子を観察したりする体験を通して、傾聴の大切さを理解する。最後に、深刻な悩みや友達の相談を受け止めきれない時には一人で抱え込まずに、信頼できる大人に相談することが大切であることを知らせ、悩みや不安への適切な対応ができる行動力・実践力を身に付けられるよう本題材を設定した。

〇本題材で工夫する点や手立て

　この学習プログラムでは、グループワークを重視している。対話やアクティビティを行うことで、誰でも不安や悩みを抱えることがあることや、人によって感じ方や考え方に違いがあることなどを理解したり、互いの気持ちを伝え合って仲間との絆を深めたりすることが可能になると考えられる。そのことによって、心の危機に際しての問題解決能力を高めることが期待できる。

　相談体験カードをもとにした話合いでは、相談したときの安心感を共有することによって、相談することのよさを理解する。その際、

生徒が安心して学習活動に参加できるよう、発表を強要したり友達の意見を否定したりしない等のルールを確認する。他にも、話合いで知った内容については、本人の同意なく他人に伝えないことを設定しておくことも大切である。また、悩みや不安は、体の病気やけがと異なり見えにくいため、放っておくと深刻な事態になることもある。誰かに伝えて見えるように（可視化）することが適切な処置や治療等につながり、少なくとも現在より良くなる可能性があることを伝え、相談することのよさをより深く理解できるようにする。

　傾聴のアクティビティでは、気持ちを言葉にして表現することの難しさを感じたり、自分の話を聴いてもらえる安心感を得られたりすることができる。あらかじめ話を切り出すときの言葉を知ることで、誰かに相談するときの抵抗感を和らげる。また、友達の話を傾聴することが話し手の話しやすさや気持ちを言葉にする助けになることを、客観的に対話の様子を観察することで体験的に理解する。

3　評価規準

	集団活動や生活への関心・意欲・態度	集団の一員としての思考・判断・実践	集団活動や生活についての知識理解
評価規準	気持ちを言葉で伝えることに関心を持ち、学習活動に意欲的に取り組み、今後の生活に役立てようとしている。	体験や話合いから相談することのよさや、友達の相談を聴くときに大切なことは何か考えることができる。	悩みや不安があるときには誰かに相談すればよいことを理解するとともに、深刻な悩みや不安は信頼できる大人に相談することの大切さを理解する。

4　本時の目標

〇思春期には誰もが様々な不安や悩みを抱くことがあることを知り、連帯感を高めるとともに、悩みや不安を抱えた時には誰かに

相談するとよいことを理解できる。（第1時）

〇自分の気持ちを言葉にして表現する力や友達の悩みや相談の聴き方を身に付けるとともに、深刻な悩みや不安は信頼できる大人につなげることの大切さを理解できる。（第2時）

5　事前指導

　自殺予防教育学習プログラムの内容が意味を持つためには、生徒が自分自身を他者から援助を得る価値のある存在と認識し、周囲の人々へ信頼感を持っていることが前提となる。また、学級集団や友達関係においては、互いに安心感を抱き相互にサポートし合う雰囲気が育っていることも求められる。そうしたことがない中で、悩みや不安を抱えたときに相談することの大切さを伝えても、自他を信頼できない生徒の孤立感を深めることになり、第1時の体験を語り合うことが傷付き体験となる危険性もある。

　そこで、自殺予防教育学習プログラムの実施前には、生徒や学級集団の状態を把握し、必要な準備を行うこととしている。

(1)　学級集団の状態把握と配慮

　学級集団の雰囲気や生徒同士の自主的・自発的交流の様子、学習規律や生活規律の状況等について、担任だけでなく学年主任や生徒指導、教育相談等の担当、養護教諭も加わってチームとして検討する。その際、学校生活アンケートや心理検査・質問紙等の結果を活用する。このようなアセスメントの段階で、自殺予防教育学習プログラムを実施する前に下地づくりの教育を行うことも想定される。

(2)　生徒個人の状態把握と配慮

　身近な人を自殺で亡くしている生徒、自殺未遂の経験や自傷などがある生徒についてはあらかじめ抽出し、本人、保護者と話し合って授業への参加の仕方を検討する。他にも、日頃から様子の気になる生徒やリスクを抱える生徒についても同様の配慮を行う。

6　授業展開例

《第１時の流れ》

学習活動	指導・援助上の配慮事項	評価規準・方法等
1　導入 （10分） 　班別にアクティビティをして、どんな時にどんな気持ちになるのか話し合う。	○資料１アクティビティ「どんな時、どんな気持ち」を配付し、やり方を説明する。 ○感情の表情カードを１つ提示し、班で出た意見を発表させる。 ○同じ人物の表情が多様に解釈され得ることや、表情が必ずしも人の心の全ての面を表しているわけではないことを押さえる。	
悩みや不安を誰かに相談するよさにはどんなことがあるか考えよう。		
2　展開 （30分） 　誰かに相談した経験について伝え合い、感想等を共有する。	○資料２「相談体験カード」に、悩み事・心配事やいやなことがあったとき、誰かに相談してよかった体験を想起し記入させる。時間は様子を見ながらしっかりとる。 ○話合いの方法やルールを伝え、班ごとに体験カードをもとに話し合わせる。 ・言いたくないことは言わなくてもよい ・発表に対して否定することなく、頷いたり同意を示したりする ・分からないことは質問してもよい ・一人の話が終わったら、その人の気持ちについて感想を伝える ○生徒の表情等に留意しながら机間巡視を行い、気になる生徒には必要に応じて、授業後に教育相談等適切なフォローを行う。 ○カードを模造紙に貼り、話合いでの気付きや感想、相談するよさなどについて余白に記入させる。 ○いくつかの班に発表させ全体で共有する。	誰かに相談することのよさについて、話合いから考え、伝えている。 （思考・判断・表現） 〈観察〉

学習活動	指導・援助上の配慮事項	評価規準・方法等
3 終末 （10分） 　話合いの内容を整理し、相談するよさについて理解する。	○相談することのよさについて、発表を踏まえて板書する。 ・気持ちが軽くなる ・聴いてくれる人がいるだけで勇気がわく ・その人とのつながりが強くなる　等 ○悩みや不安は、誰かに相談することによってけがのように可視化され、適切な対応を受けられ、良くなる可能性が高いことを押さえる。 ○本時の感想を班ごとに伝え合わせる。 ○誰かに相談するときにどんな声掛けから始めるかを尋ね、次時は、友達の相談をどのように受けたらよいか学習することを伝える。	自分の気持ちを誰かに伝えたり、悩みや不安を感じたときには相談したりしようとしている。 （関心・意欲・態度） 〈観察〉

《第2時の流れ》

学習活動	指導・援助上の配慮事項	評価規準・方法等
1 導入 （5分） 　前時の学習を振り返り、本時のめあてをつかむ。	○前時の学習を振り返り、相談することのよさについて想起させる。 ○友達が悩みや不安を持っているとき、どんなことから気付くことができるか、発表させる。 ○本時は、友達から悩みを相談されたときの話の聴き方について学習することを知らせる。	
	友達の助けになる話の聴き方を考えよう。	
2 展開1 （15分） 　どんな時にどんな気持ちになっているのか自分を振り返り、それを人に伝えるときには、どんな言葉を使え	○ワークシート1「今日の私」「この数日の私」を記入させる。それぞれの場面について、できるだけ書くように指示する。 ○誰かに話を聴いてほしい時の最初の言葉は、どんな言葉を使えばよいか思いつく言葉を発表させ、板書する。 ・ちょっと聴いてほしいことがあるんだけど…	

ばよいか考える。	・あの、ちょっと聴いてくれる？ ・実は、昨日（この前）のことなんだけど…　等 ○どんな時にその言葉を使っているのか想起させ、「私の気持ち」によって言葉や声音が違うことがあることを確認する。	
3　展開2 （25分） 　アクティビティ「心で聴く」を体験する。	○アクティビティ「心で聴く」の方法を説明する。 ○話し手になったときに話す「今日の私」「この数日の私」を自己決定させ、アクティビティを始めさせる。 ○時間を計って、アクティビティを円滑に進行する。 ○アクティビティを全員で振り返り、3つの役割を経験しての気付きや感想を共有する。 《振り返りの視点》 ・話し手（話したいことが十分伝えられたか、その助けとなったものは何か） ・聴き手（聴きながらどのような気持ちが起きたか、難しいと感じたことは何か） ・観察者（聴き手の態度や行動で、話し手にとって話しやすいと感じたのはどんなことか）	話し手が話しやすくするために大切なことについて考え、伝えている。（思考・判断・表現）〈観察・ワークシート〉
4　まとめ （5分） 　友達の助けになる聴き方や相談窓口について理解する。	○振り返りを踏まえて、自分の気持ちを話すことの難しさや心で聴くことの大切さについて確認する。 ○深刻な悩みを聴いたり、話を聴いたことで自分が悩んだりすることもあるが、そんな時には一人で抱え込まずに信頼できる大人に相談することが大切であることを知らせる。 ○学校や地域の相談窓口等を紹介する。 ○授業の感想をワークシートに記述させる。	誰かに相談することのよさや、深刻な悩みや不安は信頼できる大人に相談すればよいことを理解している。（知識理解）〈ワークシート〉

7　事後指導

　実施後には、相談したいことの有無、相談しようと思う相手、授業の感想などを記入するアンケートをする。そのアンケートにおいて、悩みや不安を記述していたり、友達の悩みを抱え込んでいたりする生徒には、担任や養護教諭、スクールカウンセラーとの面談を実施したり、必要に応じて保護者の理解を図りながら地域の専門機関につなげたりする。

〈アンケート例〉

```
　　　「困ったら助けを求めよう、困っている友達の助けになろう」
　　　　　　　　　　の授業を受けて
　　　　　　　　　　　　年　組　番　氏名
１　この授業を受け次のことが分かったか、当てはまるものに〇をつけましょう。
①悩みや不安を相談することのよさ
　　　　　　　　　　（よく分かった・あまり分からなかった）
②自分から相談する時の話の切り出し方
　　　　　　　　　　（よく分かった・あまり分からなかった）
③友達の相談を受ける時の話の聴き方
　　　　　　　　　　（よく分かった・あまり分からなかった）
２　この授業を受けて次のことをどう思うか、当てはまるものに〇をつけましょう。
①悩みや不安がある時に誰かに相談しようと思いますか?
　　　　　　　　　　　　　　　　　　　　　（はい・いいえ）
②悩みや不安がある時に相談したいと思える大人は３人以上いますか?　　　　　　　　　　　　　　　（はい・いいえ）
③自分や友達のことについて相談する必要がありますか?
　　　　　　　　　　　　　　　　　　　　　（はい・いいえ）
　→③で「はい」と答えた人は、誰に相談したいですか?
３　この授業を受けて、気付いたこと・考えたこと・感じたことはどのようなことですか。
```

※本授業案で使われている資料・ワークシートは、岡山県ホームページ「自
　殺予防教育学習プログラム及び校内研修資料」に掲載されています。
　「自殺予防教育学習プログラム（中学校編）」
　https://www.pref.okayama.jp/uploaded/life/594346_5719207_misc.pdf

〈資料２〉

相談体験カード

悩み事・心配事やいやなことがあったとき、
　　　誰かに相談してよかったなと思ったのは

＿＿＿＿＿＿に＿＿＿＿＿＿＿＿＿＿＿を相談したとき

その時、かけてもらった言葉、してもらったことは・・・　その時　わたしの気持ちは

＿＿＿＿＿＿＿＿＿＿＿＿＿＿
＿＿＿＿＿＿＿＿＿＿＿＿＿＿
＿＿＿＿＿＿＿＿＿＿＿＿＿＿
＿＿＿＿＿＿＿＿＿＿＿＿＿＿
＿＿＿＿＿＿＿＿＿＿

悩み事・心配事やいやなことがあったとき、
　　　誰かに相談してよかったなと思ったのは

＿＿＿＿＿＿に＿＿＿＿＿＿＿＿＿＿＿を相談したとき

その時、かけてもらった言葉、してもらったことは・・・　その時　わたしの気持ちは

＿＿＿＿＿＿＿＿＿＿＿＿＿＿
＿＿＿＿＿＿＿＿＿＿＿＿＿＿
＿＿＿＿＿＿＿＿＿＿＿＿＿＿
＿＿＿＿＿＿＿＿＿＿＿＿＿＿
＿＿＿＿＿＿＿＿＿＿

135

<ワークシート>

「困ったら助けを求めよう、困っている友達の助けになろう」

年　組　番　氏名（　　　　　　　　）

I　「今日の私」「この数日の私」を振り返って、それぞれの感情を抱いた場面を思い出して書いてみ
ましょう。

「かなしい」と感じたのは、	「はずかしい」と感じたのは、	「さみしい」と感じたのは、

「しんどい」と感じたのは、	「たのしい」と感じたのは、	「すき」と感じたのは、

「きらい」と感じたのは、	「緊張する」と感じたのは、	「不安だ」と感じたのは、

「かなしい」は大切なものを失ったときの気持ち
「はずかしい」は私の存在を慈しむ気持ち
「さみしい」は人を求める気持ち
「しんどい」は私の無理を知らせる気持ち
「たのしい」は私を温かく楽にする気持ち
「すき」は人や物事に関わっていく気持ち
「きらい（イヤだ）」は人や物事と適切な距離をとる気持ち
「緊張（ドキドキ）」は力を十分出せるように応援する気持ち
「不安」は期待の大きさと釣り合う気持ち

感情には、よい、わるいはない
ただしいか、まちがっているか（その感情を行動に表したとき、適切／不適切がある）
からだの内側から　湧き上がってきた感情をそっと手のひらにのせて見つめてみよう
名前をつけて呼んでみよう
感情は私に大切な心のメッセージを伝えてくれる

2　アクティビティ「心で聴く」をしてみましょう。
①　3人一組となり、話し手、聴き手、観察者になる。（役割は交代する。）
②　話し手は、「1」の中から「今日の私」「この数日の私」から場面を選び、それについて3分間話をする。聴き手は、相づちを打ったりオウム返しをしたり、詳しく尋ねたりしながら聴く。観察者は、聴き手がどんなことをしたり言ったりしているかを観察し、記録する。会話には口を挟まない。
③　3分たったら、観察者は気付いた点を他の2人に伝え、3つの役割を経験するまで繰り返す。

アクティビティを振り返って、気付いたことや感じたことを書きましょう。

役割	気付いたこと・感じたこと（振り返りの視点）
話し手	（話したいことが伝えられたか、話しやすさの助けとなったこと）
聴き手	（聴いていた時の気持ち、難しいと感じたこと）
観察者	（聴き手の態度や言動で、話し手にとってよかったこと）

3　今日の学習の感想を書きましょう。

高等学校における自殺予防教育学習プログラムの例

Ⅰ　題材名　　心のストレスとその対処法

　特別活動〔ホームルーム活動〕

　⑵　日常の生活や学習への適応と自己の成長及び健康安全

　　エ　青年期の悩みや課題とその解決

2　題材について

〇題材設定の理由

　平成18年に「自殺対策基本法」が制定されて以降、様々な自殺対策が講じられ、自殺者総数は減少傾向にあるが、高校生以下の自殺者数は高止まりしており深刻な問題となっている。平成28年に閣議決定された新たな自殺総合対策大綱には、自殺予防教育の柱の一つである「SOSの出し方に関する教育」の推進が重要であるとされている。

　これまで、保健領域の「精神疾患の予防と回復」において、心の健康や心身の相関について学習してきているが、心にストレスを受けた時の対処法やSOSの出し方・受け止め方について理解することにより、悩みや不安に向き合い、乗り越えるための適切な行動ができるようになると考え、本題材を設定した。

　この学習プログラムは、心のストレスの原因とその対処法について考える時間と心の危機や友達のSOSの受け止め方を理解する時間の2つの段階に分けて構成している。

　第Ⅰ時では、まず心にストレスを受ける時はどんな時か、またその時の感情はどんな感情なのかを考え、誰もがつらい気持ちや悲しい気持ちなどのネガティブな感情を持つことがあり、相手や状況によってその気持ちの強さが違うことなどを理解する。

　次に、心のストレスに対する対処法をブレーンストーミングで数多く出し合い、メリット、デメリットについて考える。一人一人が心のストレスへの対処法をできるだけ多く持っておくことは、実際の生活に役立つからである。また、問題を一人で背負い込まずに乗り越える方法があることを理解することによって、援助希求的態度の育成（子ども自身がSOSを出す実践力）を図る。

　第2時では、資料を読んだり地域の保健師等のゲストティーチャーから話を聴いたりして、強い心のストレスによって起きる心身の状態について理解する。そして、そのことを踏まえて、友達が強い心のストレスを受けていることに気付いた時の関わり方をロールプレイングで体験する。友達の悩みに対して「説教・助言」、「励まし」、「静かに聴く」、「感情を受け止める」というそれぞれの対応によって、相談者が受ける感じ方の違いを体験し、受容と傾聴の大切さを理解する。

　最後に、友達のSOSに対応する時の約束事「きょうしつ（気づいて、よりそい、受け止めて、信頼できる大人に、つなげる）」と学校や地域の相談窓口を確認し、友達のSOSを信頼できる大人に相談する（つなぐ）という実践・行動につなげたい。

〇本題材で工夫する点や手立て

　この学習プログラムでは、ブレーンストーミングやロールプレイングなどのグループワークを重視している。これらのアクティビティを行うことで、それぞれの自由な発想を出し合い、自分とは異なる思いや考え方に触れることで、多様性を認め合い、仲間との絆を深めることが可能になると考えられる。また、生徒同士のつながりを強化し、生徒自身の心の危機に際しての問題解決能力を高めるなどの効果が期待できる。

　ブレーンストーミングで出てくる対処法には、一時的に悩みを忘れさせるものもあれば、時間はかかるが根本的な問題を解決できる

ものなど様々に出てくると思われるが、「解決に要する時間」や「やりやすさ」などの視点で分類・整理すると、対処法を生徒が自己決定する時の参考になる。万引きや破壊行為等の意見が出た場合、それらの行為は、問題をより悪い方向に進ませてしまうことに気付けるよう話し合う場を設ける。

　強い心のストレスを受けた時の心身の状態について学習する時には、「心の傷は見えないため、人に伝えて可視化することが大切であること」を確認する。誰かに見せる（知らせる）ことによって適切な処置や治療等を受けることができ、少なくとも現在より良くなる可能性があることを伝える。

　生徒の中には、身近な人を自殺で亡くした者や自傷行為をしてしまう者もいると考え、価値の押しつけを避ける。「いのちは大切」といった価値観を一方的に与えることは、「いのちを大切にできない親（自分）はだめな存在」と自分を責め、より一層自尊感情を傷付けてしまう恐れがある。生きづらさを抱えている生徒に少しでも寄り添う姿勢を大切にする。

3　評価規準

	集団活動や生活への関心・意欲・態度	集団の一員としての思考・判断・実践	集団活動や生活についての知識理解
評価規準	心のストレスに対する対処法について関心を持ち、学習活動に意欲的に取り組み、今後の生活に役立てようとしている。	心のストレスに対する対処法について、これまでの学習や体験から考えたり、アクティビティを通して感じたことを積極的に伝えたりしている。	心のストレスに対する対処法について理解するとともに、過度のストレスや友達のSOSについて、信頼できる大人に相談することの大切さについて理解している。

4　本時の目標

〇人は心のストレスによって、いやな気持ちやつらい気持ち等のネガティブな感情をもつことを理解するとともに、心のストレスへの対処法を考え、自分に合った対処法を身に付けることができる。（第１時）

〇友達から悩みを打ち明けられた時の関わり方について理解を深めるとともに、友達のSOSを一人で抱え込まずに、信頼できる大人につなげることの大切さを理解することができる。（第２時）

5　事前指導

　自殺予防教育学習プログラムの内容が意味を持つためには、子どもが自分自身を他者から援助を得る価値のある存在と認識し、周囲の人々へ信頼感を持っていることが前提となる。また、学級集団や友達関係においては、互いに安心感を抱き相互にサポートし合う雰囲気が育っていることも求められる。そうしたことがない中で、強い心のストレスを受けた際に周囲にサポートを求めることの大切さを伝えても、自他を信頼できない子どもの孤立感を深めることになり、第２時のロールプレイングなどが傷付き体験となる危険性もある。

　そこで、自殺予防教育学習プログラムの実施前には、生徒や学級集団の状態を把握し、必要な準備を行うこととしている。

（１）　学級集団の状態把握と配慮

　学級集団の雰囲気や生徒同士の自主的・自発的交流の様子、学習規律や生活規律の状況等について、担任だけでなく学年主任や生徒指導、教育相談等の担当、養護教諭も加わってチームとして検討する。その際、学校生活アンケートや心理検査・質問紙等の結果を活用する。このようなアセスメントの段階で、自殺予防教育学習プログラムを実施する前に下地づくりの教育を行うことも想定される。

⑵　生徒個人の状態把握と配慮

　身近な人を自殺で亡くしている生徒、自殺未遂の経験や自傷などがある生徒についてはあらかじめ抽出し、本人、保護者と話し合って授業への参加の仕方を検討する。他にも、日頃から様子の気になる生徒やリスクを抱える生徒についても同様の配慮を行う。

6　授業展開例
《第１時の流れ》

学習活動	指導・援助上の配慮事項	評価規準・方法等
1　導入 （10分） 　班別にアクティビティをして、どんな時にどんな気持ちになるのか話し合う。	○資料1アクティビティ「どんな時、どんな気持ち」を配付し、やり方を説明する。 ○ネガティブな感情の表情カードを1つ提示し、班で出た意見を発表させる。 ○発表された状況における気持ちの大きさを確認し、同じ気持ちでも、状況や人によってその大きさは違うことを押さえる。 ○この学習では、このような状況を「心のストレス」や「心にストレスを受ける」と表現することを知らせる。	
心にストレスを受けた時の解決方法を考えよう。		
2　展開1 （15分） 　心にストレスを受けるのはどんな時か話し合う。	○自分が心にストレスを受けるのはどんな時か、ワークシート1（1）に記述させる。 ○班で話し合う時に、言いたくないことは言わなくてもよいこと、発表に対して頷いたり同意を示したりしてよいが、否定はしないことを伝える。 ○いくつかの班に発表させて全体で共有する。 ○ネガティブな感情を持つことは自然なことであり悪くないこと、しかし、心のストレスを放っておくと心身の不調	

学習活動	指導・援助上の配慮事項	評価規準・方法等
	につながることがあることを押さえておく。	
3　展開2 （20分） 　事例をもとに、心のストレスに対処する行動について考える。	○出された事例の中から一つを選び、その時の気持ちについて確認する（事例は教師が用意しておいてもよい）。 ○その気持ちに対処するための行動について、付箋に記述させる。一人でできる対処法と誰かと一緒にする対処法の2つの視点で考えるよう指示する。 ○班で、対処法について意見を出し合い、グループシート（模造紙等）に付箋を貼り付ける。 ○どんな意見も否定しないことを伝える。 ○出された対処法のメリット・デメリットについて話し合い、グループシートに記述させる。 ○いくつかの班に発表させて全体で共有する。その際に、解決に要する時間や容易さ、問題解決の可否等の視点で整理して板書する。	対処法のメリット・デメリットについて、理由や根拠を示して意見を伝えている。 （思考・判断・実践） 〈観察〉
4　終末 （5分） 　自分が心にストレスを受けた時に使いたい対処法を選ぶ。	○自分が使いたい対処法とそのメリット、デメリットをワークシート1（2）に記入させ、数人に発表させる。 ○対処には様々な方法があるが、それぞれにメリット・デメリットがあること、問題が深刻な時には大人に相談することを押さえ、次時の学習につなげる。	メリット・デメリットを踏まえて、自分で使いたい対処法を実践しようとしている。 （関心・意欲・態度） 〈ワークシート〉

《第2時の流れ》

学習活動	指導・援助上の配慮事項	評価規準・方法等
1　導入 （5分）	○前時の学習を振り返り、心のストレスに対処する方法やそのメリット、デメ	

前時の学習を振り返り、本時のめあてをつかむ。	リットを想起させ、気分転換で終わるものや長期的に問題解決を図るものがあること等を確認しておく。 ○本時は、友達から悩みを相談された時の関わり方について学習することを知らせる。	

友達から悩みを打ち明けられた時の関わり方を考えよう。

2　展開1 （15分） 　資料「こころの不調ってどういうことだろう？」を読み、心が不調になった時に起きる心身の症状について理解する。（保健師等の講義でもよい）	○保健の学習を振り返り、心身の相関について想起させる。 ○資料2を読み、心の役割や不調になった時の心身の症状についてワークシート2（1）にまとめさせる。 ○まとめたことを発表させ、上記のことについて「こころの役割」の視点で整理して提示（板書）する。 ○誰かに相談した方がよい心身の症状について確認し、心の傷は見えないため、誰かに話すことによって可視化され、適切な処置につながること等を押さえる。	心のストレスによって起きる心身の症状や大人に相談することの大切さについて理解している。 （知識・理解） 〈観察・ワークシート〉
3　展開2 （20分） 　ロールプレイング「心の苦しさを打ち明けられた時」を体験して、友達からのSOSへの対応方法について考える。	○資料3を配付し、ロールプレイングの方法を説明する。必要に応じて教師2人で演じてもよい。 ○友達役をした時の感想を、その都度、ワークシート2（2）に記入するよう指示する。 ○班で感想を交流し、安心感が得られた声かけという視点でランキングする。すべてに順位が付かなくてもよいことを伝えておく。 ○班の意見を発表させ、全体で共有する。	
4　まとめ （10分） 　友達のSOSに関わる時の合言葉や相談窓口について理解する。（保健師等	○友達からのSOSに関わる時の合言葉「きょうしつ（教室）」を知らせる。 ○「よりそい」「うけとめる」聴き方は、相手の考えや行動の良い悪いを判断したり、悩みを解決したりすることではないということを説明する。 ○大人に相談して聴いてもらえなくて	合言葉「教室」の出典：阪中順子「子どもの自殺予防ガイドブック～いのち

から地域等の相談窓口を紹介してもらってもよい)	も、最低3人までは相談することを勧めるとともに、学校の相談窓口や地域の相談機関を紹介する。 ○授業の感想をワークシート2(3)に記述させる。	の危機と向き合って〜」SOSを出している友達に、適切な関わり方を実践したり、信頼できる大人に相談したりしようとしている。(関心・意欲・態度)〈観察・ワークシート〉

7　事後指導

　学習プログラム実施後には、相談したいことの有無、相談しようと思う相手、授業への感想などを尋ねるアンケート(「自殺予防教育校内研修資料」参照)を実施する。そのアンケートにおいて、うつや自殺の危険、困り事を記述していた生徒については、担任や養護教諭、スクールカウンセラーとの面談を実施したり、保護者の理解を図りながら地域の専門機関につなげたりしていく。

※本授業案で使われている資料・ワークシートは、岡山県ホームページ「自殺予防教育学習プログラム及び校内研修資料」に掲載されています。
　「自殺予防教育学習プログラム（高等学校編）」
　https://www.pref.okayama.jp/uploaded/life/594346
　_5719206_misc.pdf

「心のストレスとその対処法」

年　　組　　番　氏名（　　　　　　　　）

（1）　あなたがいやな気持ちやつらい気持ちになる（心にストレスを受ける）のは、どんな時ですか。

（2）　いやな気持ちやつらい気持ちになった（心にストレスを受けた）時に、自分がしようと思う解決
　　方法はどんな方法ですか。また、その方法のメリット、デメリットは何ですか。

一人でする方法	誰かと一緒にする方法
（方法）	（方法）
（メリット）	（メリット）
（デメリット）	（デメリット）

（3）　今日の学習の感想を書きましょう

＜グループシート＞

ブレーンストーミング「心のストレスとその対処法」

	解決方法	メリット	デメリット
一人でする方法			
誰かと一緒にする方法			

<ワークシート2>
「心のストレスとその対処法」

年　組　番　氏名（　　　　　　）

（1）　心の役割が不調になると起きる心身の症状について、表に整理しましょう。

心の役割	不調になると起きる心身の症状
（　　　）の不調	
（　　　）の不調	
（　　　）の不調	

※　誰かに相談した方がよいと考えられる症状の目安

★　一日だけではなく、何日も続けて眠れない
★　苦痛が強く、死にたい気持ちが頻繁に起きる
★　前に楽しかったことでも全くやりたい気持ちが起きない、やってもすぐにやめてしまう
★　症状が二つ以上（例：落ち込みと胃の痛みの両方がある、不眠と集中困難の両方がある）
★　混乱が続いて自分で「訳が分からない」と感じる

（2）　ロールプレイングをした感想を記録しましょう。

	声をかけられた生徒（友達）の気持ち
A	
B	
C	
D	

（3）　今日の学習の感想を書きましょう

148

<資料3>

ロールプレイング「心の苦しさを打ち明けられた時」のやり方

1　二人一組になってロールプレイングをします。
2　はじめにAのパターンをやってみます。両方の役をやり終わったら、ワークシートに声をかけられた生徒（友達の方）の気持ちで感想を書きましょう。
3　順番にB、C、Dと同じようにやっていきます。

（場面設定）
　休みがちだった友達が久しぶりに登校しました。一緒に帰る途中、公園のベンチに座っていたら、友達が、しんどそうに「もう、何もかもいや。消えてしまいたい。」と小さな声で言いました。

パターン	せ　り　ふ	順位
A	友　達：もう、何もかもいや、消えてしまいたい… わたし：命は大切にしないとダメ。そんなこと言ったら家族が心配するよ。	
B	友　達：もう、何もかもいや、消えてしまいたい… わたし：あなたは大丈夫。死ぬ気になれば何でもできるよ！	
C	友　達：もう、何もかもいや、消えてしまいたい… わたし：（相づちを打ちながら、静かに聴く）	
D	友　達：もう、何もかもいや、消えてしまいたい… わたし：そう、消えてしまいたいぐらいつらいことがあるんだ。	

4　安心感が得られた声かけは、A〜Dのどれでしたか？順位をつけてみましょう。

学校や地域の相談窓口

・○○○○学校　　○○○−○○○−○○○○
・教育相談担当（　　　）先生　・スクールカウンセラー（　　　）先生
・24時間子供 SOS ダイヤル　　0120−0−78310
・岡山県青少年総合相談センター　　086−224−7110
・岡山県自殺対策推進センター　　086−224−3133
・岡山県精神保健福祉センター　　086−201−0828

2　ワーク例

〈本時の指導案（45分）〉

		指導内容	指導方法　留意点
導入	5分	授業の目的	【本日の授業の内容】 1．あなたの強み 2．言葉が心に与える影響 3．プラス言葉でよい関係を作る 　今日はワークをしながら授業をします。
展開1	10分	自分を支えてくれるものを知る	【指示】画用紙に（クーピーなどで）手を形どってかいてください。 （黒板で例を示す） 描いた各指に以下のことを書いてもらう 1．私のなまえ 2．好きな食べ物 3．好きなこと 4．自分のいいところ 5．大切な人もしくはもの 【説明】みんなそれぞれ好きな食べ物や好きなこと、いいところ、大切な人やものを持っています。 　これらのものはあなたがつらいことがあった時にあなたを助けてくれるあなたの心の味方になります。大切にしよう。
ワーク	25分	相互の自尊感情を高める	【発問】どんなことを言われると嫌な気分になりますか。 ●あげてもらう 例：うざい、一緒にいたくない、ばか、気持ち悪い、など

	スキル1 リフレーミング	【発問】逆にどんなことを言われるといい気分になりますか。 ●あげてもらう 例：ありがとう、優しい、助かった、かっこいい、すごいね、など 【説明】今あげてもらったように、人の言葉は人を傷つけます。逆に、人はいい言葉をもらうことによって、癒されます。言葉によって、嫌な思いも嬉しい思いも起きます。 　ですから、もし、マイナス言葉を言いそうになったら、いい言葉に変えてあげてください。 【板書　例】 がんこ：意志が強い・信念を持っている いばっている：リーダーシップがとれる・ 　　　　　　　自信がある 気が小さい：慎重・よく考えている 【説明】マイナスのことを言いそうになったらプラスの言葉に変えてあげると相手を傷つけずにすみます。 【説明】では実際に、プラスの言葉がどんなふうに気持ちに影響するかを体験してもらいます。 ●他己紹介の指示 ・4〜5人1組になってもらい、1人ずつ他己紹介をしてもらう B「Aさんです。Aさんは〜がいいところです」 C「Aさんです。Aさんは〜がいいところです」 D「Aさんです。Aさんは〜がいいところです」

			●注意点
			①いいところだけ言う 「Aさんは暗いですが」とか「Aさんは運動神経は悪いですが」とか悪いことの前置きもNG ②本当に思っていることだけ言う （1人の他己紹介3分×5人＝15分程度） **【発問】やってみてどうでしたか。** ●以下のようなことを共有する ・こんなふうに見ていたんだとわかる ・言わないと伝わっていないことを体験する ・いいことを言うと心が晴れる ・いいことを言われると勇気が出る（照れるけど）
ま と め	5 分	本日の授業 のまとめ	・自分の大事なものは大事に。助けてくれる土台も大事に ・よい言葉は積極的に言葉にしよう ・いいことを言われると勇気が出るし、言うほうも心が晴れる ・いい人間関係を築けるようにいい言葉をできるだけ口にしよう

(2)　中学生対象：アサーティブコミュニケーション——自分も大事・相手も大事（髙橋聡美）

目的：1．自分を癒してくれるものに気づく

　　　2．自分のコミュニケーションの傾向を知る

　　　3．言いたいことを我慢せず・攻撃的にならずに言う方法を知る

　　　4．相手も自分も大事にすることを知る

内容：1．自分を知る

　　　2．アサーション

　　　　1）アサーティブな態度とは

　　　　2）自分の人間関係の傾向を知る

3）アサーティブなコミュニケーション～嫌なことを嫌
と素直に言える

〈本時の指導案（50分）〉

		指導内容	指導方法　留意点
導入	5分	授業の目的	【本時の目的の説明】今日の授業は自分がどんなふうに人との会話でストレスを感じているのか、傾向を知り、どうすればうまく伝えられるのかを学習します。 【本日の授業の内容】 1．自分を知る 2．アサーション 　1）アサーティブな態度とは 　2）自分の人間関係の傾向を知る 　3）アサーティブなコミュニケーション～嫌なことを嫌と素直に言える
ワーク	8分	ワーク1 自分を知る	【指示】配ったプリントを見てください。1ページ目に8つの箱があります。「私は～」と空欄になっています。それぞれの空欄を埋めてみてください。たくさん書いてもらって大丈夫です。例えば私の場合ですと…。（自分の例で説明をする） （書き終わるころに） 【指示】できれば周りの人と今書いたことをシェアしてみてください。（シェアすることによって、支えてくれるものをたくさん知ることができる） 　長所を思いつかなかった人は、周りの人にあなたのいいところを教えてもらってください。

			【説明】何か嫌なことがあった時、そこに書いてある物がみなさんを支えてくれます。好きな食べものや楽しいことや好きなことはつらい時にあなたを癒してくれたりするでしょう。またがんばろう！と勇気をもらえるかもしれません。あなたにとってとても大事なエネルギーといっていいでしょう。
ワーク	5分	ワーク2 ストレスをためない会話 アサーティブ	【説明】プリントをみてください。 自分の気持ちや考えを、まっすぐに表現するコミュニケーションのとりかたのことを、アサーティブな態度と言います。（「対等」「率直」「誠実」「自己責任」で成り立つ。4つの要素の説明）

●3つのパターン
①アサーティブな対応：あなたもOK！ 私もOK！
→率直・対等・誠実。自分の考えを率直に伝え相手の発言も尊重できる。
②攻撃的な対応：あなたはNG 私はOK！
→自分本位。自分勝手な行動・相手のことを考えない。非難・侮辱（ぶじょく）・威嚇（いかく）・きめつけ。
③ノンアサーティブな対応：あなたはOK！ 私はNG
→他の人を優先してしまう。自分の気持ちを抑えて相手に合わせる。自分の意見を言えない。断れない。あいまいな返事をする。 |
| | 12分 | 場面による会話の傾向の自己理解 | 【発問】プリントに本を返さない事例があります。（事例を音読）それぞれの対応がどのタイプかを周りの人と話しながら考えてみてください。

【発問】それぞれの対応がどれにあたりますか？（答えてもらう） |

3章　自殺しない・させない子どもをどう育てるか──自殺予防のための授業

【説明】人はみんな３つの側面を持っています。E君は学校ではうまく自分の意見が言えず我慢しがちですが、家ではお母さんに攻撃的に自己主張します。相手によって、場所によって人は態度が変わるものです。

【指示】みなさんはどのような傾向にありますか？　例にならって家と学校、どのパターンが多いか、大体でいいので、円を分けてみてください。

【説明】学校と家では違いますよね。家で攻撃的なのは、いろんな理由があるかもしれないですが、悪い面ばかりではなく、親にならなんでも言えると安心しているからかもしれません。甘えられる相手、わがままを言えない相手がいるのだと思います。
　言いたいことを言えない相手については、怖い相手なのかもしれないし、もしかしたら、あなたがものすごく尊敬している相手だからかもしれないですよね。その気持ちが全部だめなわけではないのです。
　ただ、ずっと攻撃的だと自分も相手も傷つきますし、遠慮して言えないとストレスがたまってよくないということになります。

【指示】プリントの一番下の表をみてください。あなたの人間関係に当てはまる人に〇をつけてみましょう。他にいたら書いてみてください。遠慮して言えなくなってしまう相手（ノンアサーティブ）、ついつい強い口調で言ってしまう相手（攻撃性）、対等に意見を言い合える相手（アサーティブ）それぞれ、あなたは誰に対してどのような態度をとりがちですか？

			【発問】なぜそんな態度になってしまうのでしょう。少し周りの人と意見交換をしてみてください。
15分		事例によるワークアサーティブな態度の実際を考える	【事例提示】 事例1：宿題を忘れる友達 　いつも宿題をやってこない友達が「宿題やってくるの忘れた！！見せて」と言ってきました。あなたはどう対応しますか？ ●ノンアサーティブな対応（あなたはOK　私はNG） →心の中では「自分のやってきたことを盗まれるみたいで嫌だな。忘れたって言ってもいつもそうじゃん」と不満に思っている。でも、「いいよ」と見せてしまい、もやもやが残る。 ●攻撃的な対応（あなたはNG　私はOK） →「は？　忘れたってうそでしょ。いつもやってないじゃん。私だって時間かけてやってきたんだから！　ちゃんとやりなよ！」 【発問】アサーティブにあなたもOK　私もOKの表現で友達に伝えるとするならどう言えばいいでしょうか？　周りの人と相談してみてください。 ●解答例をあてて聞いてみる 【事例提示】 事例2　遊びを断れない 　友達が試験前に遊びに誘ってきた。今度の試験はがんばりたいので、本当は試験勉強をしたい。

			●ノンアサーティブな対応（あなたはOK　私はNG） →「うん、いいよ。どこ行く？」と応じてしまい、試験が気になって遊んでいても全然楽しくなかった。 ●攻撃的な対応（あなたはNG　私はOK） →「試験前によくそんな気分になれるよね？　のんきでいいね？　そんな暇じゃないから」と言って断った。 【発問】アサーティブにあなたもOK　私もOKの表現で友達に伝えるとするならどう言えばいいでしょうか？　周りの人と相談してみてください。 ●解答例をあてて聞いてみる
まとめ	5分	本日の授業のまとめ	【本日の内容】 ・アサーティブな態度ということで自分の対人関係の特徴を知り、アサーティブな態度について考えました。 ・自分も大事、相手も大事、相手にも自分にもOKを出して会話ができたら、お互い自尊感情が高まるし、ストレスも減っていくでしょう。そして、私たちはどうしても、気持ちを上手に伝えられなかったり、嫌な思いをしたりすることもあります。その時は最初に書いた自分の大切なものを思い出してみてください。それはみなさんの力になることでしょう。 ・人は人に傷つきます。けれどもそれと同じように人に癒されます。一人では癒されません。 ・みなさんの心がいつも平和であるように今日の学びを生活の中で活用してみてください。

ワーク1　自分を知ろう

わたしは…

私の好きな食べ物は 　　　　　　　　です。	私の好きな科目は 　　　　　　　　です。
私の長所は 　　　　　　　　です。	私は 　　　　をがんばっています。
私の得意なことは 　　　　　　　　です。	私は 　　　　を大切にしています。
私は 　　をしている時が楽しいです。	私は 　　　　　　が好きです。

ワーク2　ストレスをためない会話

　自分の気持ちや考えを、まっすぐに表現するコミュニケーションのとりかたのことを、アサーティブな態度と言います。アサーティブな態度は「対等」「率直」「誠実」「自己責任」で成り立ちます。

対等	上下関係や力で相手をコントロールすることなく、同じ人間同士として向き合うこと。
率直	遠まわしに言ったりくどくど言いわけしたりせず、気持ちや意見をシンプルな言葉にすること。
誠実	自分にも相手にも正直に、心をこめて向き合うこと。
自己責任	自分がどうするかを自分で決め、結果にも自分で責任を持つこと。 人の言いなりになったり、人のせいにしたりしないこと。

3つのパターン

アサーティブな対応 あなたもOK！ 私もOK！	率直・対等・誠実 自分の考えを率直に伝える 相手の発言も尊重できる
攻撃的な対応 あなたはNG 私はOK！	自分本位 自分勝手な行動・相手のことを考えない 非難・侮辱・威嚇・きめつけ
ノンアサーティブな対応 あなたはOK！ 私はNG	他の人を優先してしまう 自分の気持ちを抑えて相手に合わせる 自分の意見を言えない　断れない あいまいな返事をする

　例:貸していた本が必要になって返してほしいとAさんに言ったら、「あ、あれ、どこいったかな。まだ読んでないんだよね」と言われました。
　Bさんの反応「そう、なら読み終わってからでいいよ」と答えた。
　Cさんの反応「もういい加減に返してよ！」と怒って言った。
　Dさんの反応「読み終わってなかったんだね、私も必要になったから、見つかったら返して」と提案した。
　Bさん、Cさん、Dさん、それぞれどのタイプ？

E君は学校ではうまく自分の意見が言えず我慢しがちですが、家では
お母さんに攻撃的に自己主張します。

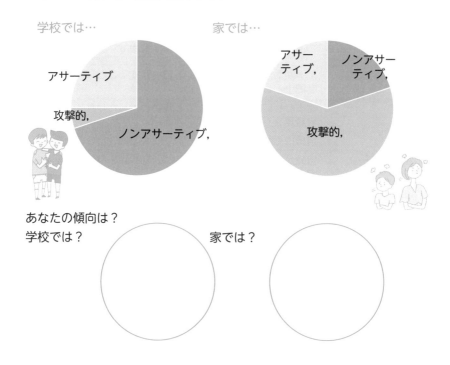

あなたの傾向は？
学校では？　　　　　　　　　　　　　家では？

あなたの人間関係に当てはまる人に○をつけてみよう。他にいたら書い
てみてください

遠慮して言えなくなってしまう相手（ノンアサーティブ） お父さん　お母さん　兄　姉　妹　弟　おじいちゃん おばあちゃん　先生　仲のいい友達 そのほか（　　　　　　　　　　　　　　　　　　　　）
ついつい強い口調で言ってしまう相手（攻撃性） お父さん　お母さん　兄　姉　妹　弟　おじいちゃん おばあちゃん　先生　仲のいい友達 そのほか（　　　　　　　　　　　　　　　　　　　　）
対等に意見を言い合える相手（アサーティブ） お父さん　お母さん　兄　姉　妹　弟　おじいちゃん おばあちゃん　先生　仲のいい友達 そのほか（　　　　　　　　　　　　　　　　　　　　）

事例：宿題を忘れる友達

　いつも宿題をやってこない友達が「宿題やってくるの忘れた！！見せて」と言ってきました。あなたはどう対応しますか？

●ノンアサーティブな対応（あなたはOK　私はNG）
　心の中では「自分のやってきたことを盗まれるみたいで嫌だな。忘れたって言ってもいつもそうじゃん」と不満に思っている。でも、「いいよ」と見せてしまい、もやもやが残る。

●攻撃的な対応（あなたはNG　私はOK）
　「は？　忘れたってうそでしょ。いつもやってないじゃん。私だって時間かけてやってきたんだから！　ちゃんとやりなよ！」

> Q　アサーティブにあなたもOK　私もOKの表現で友達に伝える
> 　　とするなら？

事例2　遊びを断れない

　友達が試験前に遊びに誘ってきた。今度の試験はがんばりたいので、本当は試験勉強をしたい。

●ノンアサーティブな対応（あなたはOK　私はNG）
　「うん、いいよ。どこ行く？」と応じてしまい、試験が気になって遊んでいても全然楽しくなかった。

●攻撃的な対応（あなたはNG　私はOK）
　「試験前によくそんな気分になれるよね？　のんきでいいね？　そんな暇じゃないから」と言って断った。

> Q　アサーティブにあなたもOK　私もOKの表現で友達に伝える
> 　　とするなら？

(3) 高校生対象：自尊感情の育み　ストレスコーピング　リフレーミング

目標：1．自尊感情を育む方法を理解する
　　　2．自分のレジリエンスを知る
　　　3．自分のストレスコーピングを知る
　　　4．リフレーミングで自尊感情を傷つけない会話
内容：1．自尊感情とは
　　　2．レジリエンスとは
　　　　・あなたのレジリエンス
　　　　・困難な時に自尊感情を保つ力
　　　3．ストレスがある時のあなたの行動パターン
　　　　・ストレスとうまく付き合って自尊感情を保つ
　　　4．リフレーミング
　　　　・相手の自尊感情を傷つけない会話
　　　　・自分の自尊感情を傷つけない考え方

〈本時の指導案（50分）〉

		指導内容	指導方法　留意点
導入	5分	授業の目的	【本時の目的の説明】今日の授業は自尊感情について知り、自尊感情が傷ついたときに助けになるものを理解します。そして、みなさん自身のストレスの対処法を知って、ストレスをためないための対処や会話を学習します。 【本日の授業の内容】 ・心の痛みと自尊感情〜どんなあなたでもOK〜 ・自尊感情が下がる時 ・あなたを助けてくれるレジリエンス ・ストレスへの対処法 ・ストレス源にならないために　ポジティブワードを使う

展開1	5分	自尊感情とは	【指示】プリントを見てください。 【説明】自尊感情には社会的自尊感情と基本的自尊感情があります。 ・社会的自尊感情はうまくいったり、ほめられたりすると高まる。失敗したりしかられたりすると低くなる。他者からの評価が必要 ・基本的自尊感情は成功や優越とは無関係 ・自分をかけがえのない存在として丸ごと認められる ・失敗してもまぁいいか！と思えることもまた強さ ・基本的自尊感情を育むために必要なもの ・失敗した時に寄り添ってくれる人やものがある ・失敗した時に前に進む自分の力がある
展開2	5分	自尊感情が下がる時	【発問】あなたはどんな時に自尊感情が下がりますか？ ●周りの人と話してもらいながら、あげてもらう 例：成績が下がる、レギュラーから外れる、友達と喧嘩した（しっくりいかない）、家族とうまくいかない、好きな人に気持ちがつながらない、災害や犯罪に巻き込まれた、自分・周りの人が病気になった、経済的に苦しい、など
ワーク	8分	あなたを助けてくれるレジリエンスを知る	【発問】何かつらいことがあった時の自分を想像してみてください。どんな気持ちがする？ 【ワークの指示】ワークシートをみてください。困難な状況の時にあなたを支えてくれる人・ものは誰ですか、何ですか。

			例：家族、友達、先生、ペット、趣味、部活動、テレビ、など
			【ワークの指示】次のワークです。困難な時にあなたを支えてくれるあなたの長所は何ですか。記入してみてください。
		レジリエンスとは	【説明】困難な時に回復を促す力をレジリエンスと言います。 ・誰にもレジリエンスがある ・たくさんあるほうが困難を乗り越えやすい ・あなたが誰かの話を聴いてあげたり優しくしたりすることで、あなたも誰かのレジリエンスになれる
12分		困難な状況に適応していく力レジリエンス	【説明】喪失体験や失敗体験をしない人はいません。どんな人もなにかしらそういう体験を持っています。 　そして、その体験は消えません。その体験ごと、あなた自身です。 　悲しい体験から、自分を取り戻す力をどんな人も持っています。先ほどあげたレジリエンスが困難な状況に適応していくのを手伝ってくれます。
		レジリエンスを助けるストレスコーピング	【指示】プリントを見てください。うまくいかないことがあった時の対処が12個あげられています。あなたは普段どのような態度をとっていますか？　それぞれの対処に対して、全く違う場合は1、時々そうする場合は2、よくそうする場合は3、いつもそうする場合は4と点数を書いてください。
			【指示】点数を書き終えたら、グレーのところの点数の合計点と白色のところの合計点を出してください。さらに、その合計を右側に書いてください。

	10分	相互の自尊感情を高めるスキル　リフレーミング ・相手を傷つけない言い方 ・相手の欠点をポジティブにとらえる	【説明】プリントの内容 ・情動志向型と問題解決型のストレスコーピングについて説明 ・どの対処法がすぐれているというわけではない。一長一短 ・例えば、すぐにあきらめる人は達成感を味わえないかもしれないが、あきらめなければならない時に、あきらめきれない人はいつまでも苦しい思いをしてストレスになる。あきらめないといけない時は気分転換できるストレスコーピングが有効 ・逆に試験の点数が悪い時、気分転換して逃げてばかりいると次の試験でも同じように成績が伸びずストレスになる。問題解決すべきことには問題解決タイプのストレスコーピングが有効 ・両方あるほうがストレスに対処しやすい 【説明】言葉は人を癒やすこともできますが、人を傷つけることもあります。その本人が聞いても傷つかない言葉を使いましょう。いい言葉はよい気持ちの連鎖を生みます。言葉を置き換えてみましょう。 例：「あの子は暗い」⇒「あの子は物静かだ」 【指示】プリントの言葉をいい言葉に置き換えてみましょう。 例：「あの人は威張っている」「あの先生は厳しい」「お母さんは口うるさい」 ・悪いところではなくいいふうに見てみることが大事。悪口を言うと、自分の気持ちも聞いた人の気持ちも不快になる ●例をあげてもらう ・威張っている：リーダーシップがとれる、自信がある、しっかり意見が言える ・厳しい：熱心、私たちのことを本気で考えてくれている

			・口うるさい：よく見てくれている、心配してくれている、気がついてくれる
			【指示】自分の欠点をリフレーミングしてみましょう。
			例：大雑把→細かいことにこだわらない 　　自分に自信がない→人に威張ったりしない 　　ギリギリまで勉強をしない→瞬発力がある
			【指示】自分の欠点を3つ書いてください。その欠点をリフレーミングしてみてください。できない人は周りの人にリフレーミングしてもらってください。
			●リフレーミングができない人は手をあげてもらい、クラスの人にリフレーミングしてもらう、あるいは教師がリフレーミングする
まとめ	5分	本日の授業のまとめ	【自尊感情を育む環境づくり】 ・みなさん一人ひとりが環境です ・あなたが不機嫌だったら？　あなたが毒のある言葉を言ったら？　あなたがニコニコしていたら？　あなたが愛のある言葉を言ったら？　あの子は暗いよね、という言葉を本人が聞いたらどう思うだろう？ ・本人が聞いても大丈夫な表現を使うこと。あなた自身があなたの環境をつくる ・あなたが毒のある言葉を言うとあなたの周りは毒で満たされる ・あなたが愛のある言葉を言うとあなたの周りは愛で満たされる ・自尊感情には2つあります。何か失敗した時、基本的自尊感情が「大丈夫」とありのままのあなたを支えてくれます ・失敗した時でも支えてくれるものを誰でも持っています ・レジリエンスをたくさん持ってください

		・ストレスの対処法もできるだけたくさん持つようにしてみてください ・ポジティブワードを使って自分も大事、相手も大事、心地よい環境をつくろう

〈プリント〉

・自尊感情

社会的自尊感情　Social Self Esteem

　　・うまくいったり、褒められると高まる

　　・失敗したりしかられると低くなる

基本的自尊感情　Basic Self Esteem

　・成功や優越とは無関係

　・自分をかけがえのない存在として丸ごと認められる

あなたが大変な時にあなたの力になってくれるもの・人
例：家族・友達・ペット・音楽・部活動・夢、など

困難にぶつかった時のあなたの持つ長所
例：楽天的、コツコツできる、前向き、など

レジリエンス（困難な時に回復を促す力）
誰にもレジリエンスがある
たくさんあるほうが困難を乗り越えやすい
あなたも誰かのレジリエンスになれる

うまくいかないことがあった時、あなたはどうしますか？

1．全く違う　　　2．時々そうする　　　3．よくそうする
4．いつもそうする

	点数記入
考えないようにする	
原因をつきつめる	
次に失敗しないように綿密に考える	
気分転換をする	
誰かに気持ちを聞いてもらって気を静める	
あきらめないでできるまでやる	
経験した人に聞いてみる	
誰かに愚痴をきいてもらう	
誰かのせいにしてしまう	
チャレンジだな！と前向きにとらえる	
他のことに没頭する	
反省を踏まえて次に進む	

	▨の合計点	□の合計点	合計点

▨＞□　大変なことがあった時、気分転換をして対応するタイプ

▨＜□　大変なことがあった時、原因究明し問題解決をしようとするタイプ

●あきらめなければならない時に、あきらめきれないとストレスになる。あきらめないといけない時は気分転換できるストレスコーピングが有効
●試験の点数が悪い時、気分転換して逃げてばかりいると次の試験でも同じように成績が伸びずストレスになる。問題解決すべきことには問題解決タイプのストレスコーピングが有効

ストレスコーピング（ストレスへの対処法）
どちらかが優れているというわけではない。
どちらの対応もできる人がいろんな困難に立ち向かえる。
合計点が高い人はいろんな対処法を持っている人。

リフレーミング

あの人、八方美人だ

↓とらえ方を変えてみる（リフレーミング）

誰に対しても親切だ
人づきあいがいい

	リフレーミングしてみよう！
あの子は暗いよね	
あの子は威張っているよね	
あの先生は厳しい先生だ	
うちのお母さん口うるさい	

自分の欠点を３つあげてリフレ—ミングしてください

例　大雑把　→細かいことにこだわらない

　　自分に自信がない→　人に威張ったりしない

　　ギリギリまで勉強をしない→瞬発力がある

【参考引用文献】

●「児童生徒の自殺予防に向けた困難な事態、強い心理的負担を受けた場合などにおける対処の仕方を身につける等のための教育の推進について（通知）」文部科学省、2018年1月23日

https://www.mext.go.jp/a_menu/shotou/seitoshidou/
1408025.htm

●金子善博、井門正美、馬場優子、本橋豊「児童生徒のSOSの出し方に関する教育：全国展開に向けての３つの実践モデル」、『自殺総合政策研究第１巻第１号』p1 ～

●「子供に伝えたい自殺予防（学校における自殺予防教育導入の手引）」文部科学省、2014年7月1日

https://www.mext.go.jp/b_menu/shingi/chousa/shotou/063_5/
gaiyou/1351873.htm

●「わたしの健康（小学校５年生用）」文部科学省
https://www.mext.go.jp/a_menu/kenko/hoken/08060506.htm
「かけがえのない自分、かけがえのない健康（中学生用）」同上
https://www.mext.go.jp/a_menu/kenko/hoken/08111804.htm
「健康な生活を送るために（高校生用）」）同上
https://www.mext.go.jp/a_menu/kenko/hoken/08111805.htm

●岡山県「自殺予防教育学習プログラム及び校内研修資料」
https://www.pref.okayama.jp/site/16/594346.html

【各自治体のガイドラインおよび自殺予防教育資料など】

●岡山県「自殺予防教育　校内研修資料」
　https://www.pref.okayama.jp/uploaded/life/594346_4935720
　_misc.pdf

●岡山県「自殺予防教育学習プログラム及び校内研修資料」
　https://www.pref.okayama.jp/site/16/594346.html

●北海道「自殺予防教育プログラム」
　http://www.dokyoi.pref.hokkaido.lg.jp/hk/ssa/
　jisatuyoboukyouiku.htm

●札幌市「子どもの心を理解するためのガイドブック【教師用】」
　https://www.city.sapporo.jp/kyoiku/top/kyoikusha/
　documents/kodomonokokororikai.pdf

●札幌市「自殺関連行動に係る具体的対応のためのガイドブック【教師用】」
　https://www.city.sapporo.jp/kyoiku/top/kyoikusha/
　documents/jisatsukanrenkoudou.pdf

●茨城県笠間市「笠間市自殺予防教育指導マニュアル」
　https://www.ed.city.kasama.ibaraki.jp/page/page000140.html

●福島県「学校における自殺予防」
　https://www.pref.fukushima.lg.jp/sec/21840a/
　suicideprevention-highschool.html

●千葉県「教職員用『児童生徒の自殺防止対策啓発リーフレット』児童生徒を自殺の
　危機から救うために」
　https://www.pref.chiba.lg.jp/kyoiku/jisei/seitoshidou/
　jb-leaf.html

●岐阜県「自殺予防（SOSの出し方に関する教育）について」
　https://www.pref.gifu.lg.jp/page/16545.html

●愛知県「中学・高校生への自殺予防啓発リーフレットについて」
https://www.pref.aichi.jp/soshiki/hoken-taiiku
/jisatuyobou1.html

●兵庫県「自殺予防に生かせる教育プログラム」
http://www.hyogo-c.ed.jp/~kokoro/ji-yobo/

●神戸市「教職員のための児童生徒の自殺予防対策啓発リーフレット」
https://www.city.kobe.lg.jp/documents/1536/
301119kyougi22_1.pdf

●北九州市「児童・生徒に対する自殺予防教育の推進」
https://www.mhlw.go.jp/file/06-Seisakujouhou-12200000-
Shakaiengokyokushougaihokenfukushibu/2-2_5.pdf

＊ 授業・ワーク用資料　ダウンロード方法 ＊

３章でご紹介している自殺予防のための授業で使えるワークシートの一部を、教育開発研究所ホームページから
ダウンロードしてお使いいただけます。

　教育開発研究所　自殺予防 で 検索

https://www.kyouiku-kaihatu.co.jp/bookstore/
products/detail/000572
上記ページの「資料ダウンロード」のリンクをクリックしてください。

【資料編】日本の自殺対策の経緯と制度

1　日本の自殺対策の経緯

■日本における自殺の状況

　日本の自殺者数は1998（平成10）年に3万人を超え、自殺問題は大きな社会問題となりました。自殺の原因の第1位は健康問題、第2位は生活経済問題です。高度医療がこれほど進み経済的にも豊かな日本で、なぜ健康や経済を苦に多くの人が自ら命を絶つのでしょうか。そこには日本の社会構造の特性や日本人の価値観や自尊感情、メンタルヘルスに関するリテラシーなど多くのことが関与していると考えられます。

　かつて自殺は「弱い人間がするものだ」「死にたい人は勝手に死ねばいい」など「個人の問題」としてとらえられていました。個人の意志・選択による死なのだから、他者が介入する必要はないという理解でしたし、自殺に対する偏見も今よりもさらに強いものでした。

　諸外国をみてみると、フィンランドやスウェーデンなどは日本よりも早くから、国をあげて社会の問題として自殺対策に取り組んでいました。両国とも、社会制度の見直しと国民への啓発で自殺を確実に減らしてきました。

■自殺対策基本法の制定後も減らない若年層の自殺

　日本でも2006（平成18）年6月に「自殺対策基本法」が制定され、自殺を個人の問題としてとらえるのではなく、自殺の背景に多重債務や労働環境、失業などさまざまな社会的要因があることをふまえ、社会的な問題として取り組むこととなりました。それまで、自殺防止については、うつ病対策や産業メンタルヘルスなどを中心として、主に厚生労働省が取り組んでいました。自死遺族については、国としてはほとんど支援が行われていませんでした。

　自殺の防止と自殺者の親族等（以下自死遺族）に対する支援の充実を図るため、同法に基づいて翌年「自殺総合対策大綱」が閣議決定されました。これにより、経済・医療・福祉・教育、国全体で生きやすい社会

図1　自殺者数の推移

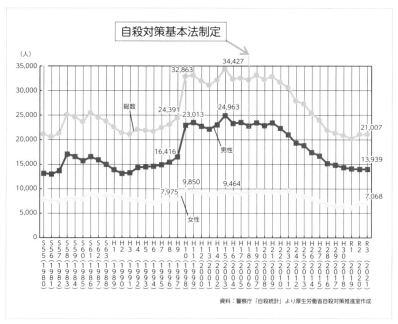

資料：警察庁「自殺統計」より厚生労働省自殺対策推進室作成

出典：「令和4年版自殺対策白書」*1 を基に改編

づくりをし、自殺者を減らしていくこととなりました。

　自殺対策基本法が制定された2006（平成18）年に32,155人だった自殺者数は、10年後の2016（平成28）年には21,897人と10,258人減少（31.9%減）となり、対策は一定の効果がありました（**図1**）。

　一方で、年齢階級別の自殺者数を見てみると、高齢者の自殺者は減っていますが、若年層には変化がほとんどありませんでした。自殺対策基本法制定後10年の自殺対策は、中高年に対するうつ対策や多重債務対策などで、成人の自殺者を確実に減らしましたが、若年層に関しては全く効果がなかったわけです（**図2**）。

　実際、当時の自殺対策の中には中高年への危機介入は具体的に明記されていましたが、若年者はそもそも自殺者数自体が少ないこともあり、後回しになっていたように思います。

図2 年齢階級別の自殺者数の推移

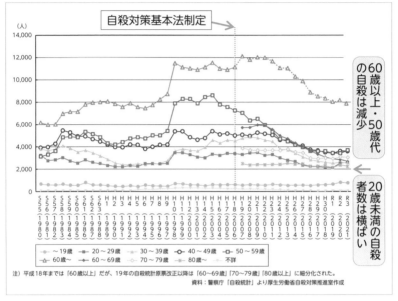

注）平成18年までは「60歳以上」だが、19年の自殺統計原票改正以降は「60～69歳」「70～79歳」「80歳以上」に細分化された。

資料：警察庁「自殺統計」より厚生労働省自殺対策推進室作成

出典：「令和4年版自殺対策白書」を基に改編

2 自殺対策計画と教育

■教職員に求められる「ゲートキーパー」の役割

　自殺対策基本法制定後10年の結果をふまえ、2016（平成28）年に自殺対策基本法が改正され、若年層の自殺予防に関しては重点課題とされました。本法17条「心の健康の保持に係る教育及び啓発の推進等」の中で、2点、学校に関連する規定がされました。

　1つ目は、国民の心の健康の保持に係る施策として「心の健康の保持に係る教育及び啓発の推進並びに相談体制の整備、事業主、学校の教職員等に対する国民の心の健康の保持に関する研修の機会の確保」の規定です。これは、学校の教職員等に対してゲートキーパー研修を実施することを規定した内容になります。

　ゲートキーパーは、厚生労働省の定義によると「自殺の危険を示すサインに気づき、適切な対応（悩んでいる人に気づき、声をかけ、話を聞

いて、必要な支援につなげ、見守る）を図ることができる人、言わば『命の門番』とも位置付けられる人のこと」です。児童生徒の自殺のサインに気づき、適切に対応ができるようなゲートキーパーとしての役割が教職員に求められるようになったのです。これを受けて、2016年以降、ゲートキーパー研修を受講した教職員の方は多いのではないでしょうか。

■自殺予防教育の実施は学校の努力義務

　2つ目は「学校は、当該学校に在籍する児童、生徒等の保護者、地域住民その他の関係者との連携を図りつつ、当該学校に在籍する児童、生徒等に対し、各人がかけがえのない個人として共に尊重し合いながら生きていくことについての意識の涵養等に資する教育又は啓発、困難な事態、強い心理的負担を受けた場合等における対処の仕方を身に付ける等のための教育又は啓発その他当該学校に在籍する児童、生徒等の心の健康の保持に係る教育又は啓発を行うよう努めるものとする」というもので、これにより学校における自殺予防教育は努力義務となりました。

■学校に求められる「SOSの出し方教育」の推進

　さらに、2017（平成29）年に閣議決定された新たな自殺総合対策大綱には、児童生徒の自殺対策を強化するため、児童生徒の「SOSの出し方に関する教育」（以下、SOSの出し方教育）の具体的方策が示されました。子どもたちが直面する可能性のある困難やストレスへの対処方法を身につけるための教育を行うことのみならず、教職員等がSOSに気づく感度を高め、適切に受け止めることができるよう取り組んでいくことが明記されています。また、文部科学省でもスクールカウンセラーの配置について補助を行っており、スクールカウンセラーの配置率は2009（平成21）年から2019（平成31）年にかけて、小学校では33.9％から84.7％、中学校では83.9％から97.6％、高校では56.1％から91.3％までそれぞれ増えています。

　SOSの出し方教育の推進が大綱で示される以前にも、文部科学省は

「子供に伝えたい自殺予防（学校における自殺予防教育導入の手引）」（平成26年）などを公開し、自殺予防教育の定着に努めていました。しかし、その内容が「死」や「自殺」に直結する内容であったことから、事前に学校と家庭との間での合意形成を図る必要があるなど、教育に取り入れるにはハードルが高いものとなりました。2017（平成29）年に自殺総合対策大綱の中にSOSの出し方教育が明文化されると、文部科学省は厚生労働省と足並みをそろえ、身近な問題や困難に対処できるよう、SOSを出すスキルを教育する方向に転換していきました*2。

■各自治体に求められる自殺対策計画の策定

　2016（平成28）年の自殺対策基本法改正前までは、自殺対策計画策定は都道府県および政令指定都市だけが行えばよかったのですが、改正後は各市町村でコミュニティに合った自殺対策計画を策定することになりました。子どもの自殺があったかなかったかに関わらず、若年層の自殺対策は重点課題であり、各自治体は教育委員会と協働しながら計画を立てています。

　私も鹿児島県南さつま市の自殺対策計画策定委員長として自殺対策計画の策定に携わりました。人口約33,000人、11小学校、4中学校、1義務教育学校、3高校のある市です。南さつま市では若年層への支援の強化として（1）子ども・若者への相談支援の推進、（2）児童生徒のSOSの出し方に関する教育の推進、（3）学校教育・社会教育に関わる人への研修の実施の3つを柱に自殺対策計画を立てました。

　事業には①いじめ防止対策事業、②心の健康づくり教室（児童生徒等対象）、③性に関する指導、④教育相談（いじめ含む）、⑤生活指導・健全育成、⑥スクールソーシャルワーカー活用事業、⑦思春期保健関係者連絡会、⑧生活指導・健全育成（教職員向け研修等）、⑨教育関係者向けゲートキーパー養成研修会が盛り込まれました。

　日本全国どこの市町村も2019（令和元）年をめどにこれらの計画策定がされ、それぞれの町に合った若年層の自殺対策計画ができています。中でも、教育委員会や学校との協働で進めなければならないのが、②心

の健康づくり教室（SOSの出し方教育・自殺予防授業）と⑨教育関係者向けゲートキーパー養成研修会になります。

　南さつま市の計画では、心の健康づくり教室は児童生徒に対して、「生活上の困難や心理的ストレスに直面した際、周囲に対して助けを求めることができる力を身に付けさせるための教育や啓発」を行うことになっています。いわゆるSOSの出し方教育を5年間で全学校に1回実施という目標で計画しています。

　教育関係者向けゲートキーパー養成研修会は、「児童生徒の自殺予防を図るため、若年層の支援に関わる教職員等を対象に若年層への対応スキルの向上を図ること」を目的に、思春期の児童生徒への対応について研修会を年に1回、実施することになっています。

　どちらも行政が学校機関と協働で実施するわけですが、ここでどの町でも問題になるのは「誰が児童生徒にSOSの出し方教育をするのか」ということです。

　どの自治体も、この授業の講師として養護教諭、保健師、スクールカウンセラーなどを候補にあげていますが、どのような内容について、どのような授業をすればよいのかという具体的な授業案が国から示されていないため、多くの自治体が暗中模索の状態にあります。

　私がSOSの出し方教育・自殺予防教育を実際に行ってきた自治体は、兵庫県川西市（3年で全中学校を回る目標）、岡山県（授業の希望がある学校で実施）、鹿児島県南さつま市（授業の希望がある学校で実施）、ほか、自治体を通さず学校からダイレクトに依頼があったところで授業を行ってきました。

　南さつま市では自殺対策の担当課である保健課が、学校に自殺予防教育授業の実施の意向を確認し、自殺対策担当が講師と学校との日程調整を行っています。学校側には、対象学年と授業をする場所を決めてもらいました。講師である私の方から事前に、行政担当課と学校の窓口になる先生に授業案と教職員に知っておいてもらいたい子どもの自殺の現状についてのレジュメを送っています。授業には、他の先生や他の学校の先生、市の職員など希望者には入ってもらい、自殺予防教育の実際を見

てもらっています。

　他の市町村にも私のように授業を実施してくれる人材がいれば、その方に実施してもらえるとよいのですが、自殺予防教育を継続的に実施するためには、先に候補にあげた養護教諭、保健師、スクールカウンセラーらにその役割を担ってもらうということが現実的だと思われます。

　東京都足立区では、保健師が各学校に出向いて「自分を大切にしよう」とういうSOSの出し方教育を早くから実施していました。2018（平成30）年には、都教育委員会からDVDなどSOSの出し方教育の教材が配布され、担任を中心とした複数人による授業もスタートしたということです[3・4]。

　各自治体で自殺対策計画が異なっており、従来の道徳の時間を自殺予防教育に置き換えて対応しているところもあります。みなさんの学校のある自治体で、SOSの出し方教育・自殺予防教育がどのような位置づけになっており、どのような計画になっているのか、確認してみるとよいでしょう。

【参考】南さつま市の若年層の自殺対策計画[5]

**　5　若年層への支援の強化**
（1）　子ども・若者への相談支援の推進
　子どもや若者が様々な困難やストレスに直面した際に、一人で抱え込むことなく、地域の大人や関係機関に気軽に相談できるよう、相談体制を整えるとともに、相談先情報の周知を図ります。
（2）　児童生徒のSOSの出し方に関する教育の推進
　児童生徒が、様々な困難や問題に直面した際に、その対処方法を身に付けることができるよう、SOSの出し方に関する教育を実施します。
（3）　学校教育・社会教育に関わる人への研修の実施
　児童生徒と日々接している教職員等に対して、子どもの自殺のサインに気付き、必要に応じて専門機関等へつなぎ、見守るゲートキーパーとしての知識や教育現場での支援方法の習得のほか、教員自身のメンタルヘルスの維持に関する取組を実施します。

■■関連する取組■■

5-1 いじめ防止対策事業

いじめの未然防止、早期発見、即時対応、継続的な再発予防を図ります。
県の事業…フォーラムの開催、いじめ対策のリーフレット配布
市の事業…各学校のいじめ防止基本方針の点検と見直し、いじめを考える
週間での取組、いじめ対策アンケートの実施、個別支援等
【自殺対策の視点を加えた取組】
いじめは児童生徒の自殺リスクを高める要因の１つであり、いじめを受け
ている児童生徒を早期に把握し、迅速に対応します。

担当課	教育部 学校教育課	関連計画／協働・連携	
評価指標	現状値2018年（全児童生徒アンケート実施（年３回以上））目標値2023年（全児童生徒アンケート実施（年５回以上））		

5-2 心の健康づくり教室（地域自殺対策緊急強化事業）

児童生徒等を含む若年層が、生活上の困難や心理的ストレスに直面した際、
周囲に対して助けを求めることができる力を身に付けさせるための教育や
啓発を行います。また、教職員等に対する若年層の自殺予防に関する養成
研修を行います。

担当課	市民福祉部 保健課	関連計画／協働・連携 学校教育課	
評価指標	現状値2018年（３校）目標値2023年（５年間で全学校に１回は実施）		

5-3 性に関する指導

助産師や保健師等に、講師として授業に参加いただき、性に関する指導の
充実を図ります。
子ども未来課母子保健係が学校教育課と検討を重ね、令和３年度から全中
学校に対し、生徒が命の大切さを知り、自己肯定感を高めることにより、
自分を大事にすること、他人を大切にすることを学ぶことができる「命の
授業」を実施予定です。
【自殺対策の視点を加えた取組】
性に関する指導の際に生命尊重（自殺予防）の視点から指導します。

担当課	教育部 学校教育課	関連計画／ 協働・連携	子ども 保健課
評価指標	**現状値** 2018年（1校のみ実施） **目標値** 2023年（全中学校・義務教育学校　開催）		

5－4 教育相談（いじめ含む）

子どもの教育上の悩みや心配事に関する相談を、定期的に担任や副担任、養護教諭、学年部の教職員等が受け付けます。また、各相談窓口やSOSミニレターの周知を図ります。

【自殺対策の視点を加えた取組】

子どもの教育上の悩みや心配事に関する相談を行うことで、自殺のリスクを抱える児童生徒を包括的・継続的に支援します。

担当課	教育部 学校教育課	関連計画／ 協働・連携	
評価指標	**現状値** 2018年（全児童生徒教育相談実施　年2回以上） **目標値** 2023年（全児童生徒教育相談実施　年2回以上）		

【参考引用文献】

＊1　「令和4年版自殺対策白書」厚生労働省
　　https://www.mhlw.go.jp/stf/seisakunitsuite/bunya/hukushi
　　_kaigo/seikatsuhogo/jisatsu/jisatsuhakusyo2022.html

＊2　金子善博、井門正美、馬場優子、本橋豊「児童生徒のSOSの出し方に関する教育：全国展開に向けての3つの実践モデル」、『自殺総合政策研究 第1巻 第1号』東京都教育委員会、2018年

＊3　東京都足立区「生きる支援の取り組み」文部科学省児童生徒の自殺予防に関する調査研究協力者会議配付資料、2019年2月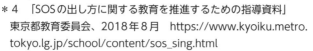
　　https://www.mext.go.jp/b_menu/shingi/chousa/shotou/063_7/
　　shiryo/__icsFiles/afieldfile/2019/02/21/1413739_001.pdf

＊4　「SOSの出し方に関する教育を推進するための指導資料」
　　東京都教育委員会、2018年8月　https://www.kyoiku.metro.
　　tokyo.lg.jp/school/content/sos_sing.html

＊5　南さつま市自殺対策計画

【参考】自殺予防教育カリキュラム（垂水モデル）

１．開始時期：令和３年度～

２．対象：全小学校６年生および中学生全生徒

３．形式：小学生：対面と小規模小はリモートで合流（３小学校で実施）

　　　　　中学校：各学年ごとに授業：１学年３クラス

４．内容：３年かけて完成形を目指す

	６年生	中１	中２	中３
令和３年度	SOSの出し方 レジリエンス 自尊感情	SOSの出し方 自尊感情 レジリエンス ストレスコーピング	SOSの出し方 自尊感情 レジリエンス ストレスコーピング	SOSの出し方 自尊感情 レジリエンス ストレスコーピング
令和４年度	SOSの出し方 レジリエンス 自尊感情	ストレスコーピング アンガーマネジメント 自尊感情その２	アサーション	アサーション
令和５年度 （予定）	SOSの出し方 レジリエンス 自尊感情	アンガーマネジメント ストレスコーピング 自尊感情その２	アサーション	ストレスと依存症

ストレスコーピング：ストレス対処

アサーション：相手と自分を大切にするコミュニケーション

５．SOSの受け止め研修

１）令和３、４年度、全教職員研修を小中学校で実施

２）令和４年度　保護者および地域対象に実施

３）令和５年度、全教職員研修と保護者および地域対象講演を計画

令和５年２月現在

自殺対策基本法及び自殺総合対策大綱の抜粋
（SOSの出し方に関する教育関連部分）

○自殺対策基本法（平成18年法律第85号）
（心の健康の保持に係る教育及び啓発の推進等）
第17条　国及び地方公共団体は、職域、学校、地域等における国民の心の健康の保持に係る教育及び啓発の推進並びに相談体制の整備、事業主、学校の教職員等に対する国民の心の健康の保持に関する研修の機会の確保等必要な施策を講ずるものとする。

2　国及び地方公共団体は、前項の施策で大学及び高等専門学校に係るものを講ずるに当たっては、大学及び高等専門学校における教育の特性に配慮しなければならない。

3　学校は、当該学校に在籍する児童、生徒等の保護者、地域住民その他の関係者との連携を図りつつ、当該学校に在籍する児童、生徒等に対し、各人がかけがえのない個人として共に尊重し合いながら生きていくことについての意識の涵養等に資する教育又は啓発、困難な事態、強い心理的負担を受けた場合等における対処の仕方を身に付ける等のための教育又は啓発その他当該学校に在籍する児童、生徒等の心の健康の保持に係る教育又は啓発を行うよう努めるものとする。

○自殺総合対策大綱（令和4年10月14日閣議決定）
第3　自殺総合対策の基本方針
3．対応の段階に応じてレベルごとの対策を効果的に連動させる
〈自殺の事前対応の更に前段階での取組を推進する〉
　地域の相談機関や抱えた問題の解決策を知らないがゆえに支援を得ることができず自殺に追い込まれる人が少なくないことから、学校において、命や暮らしの危機に直面したとき、誰にどうやって助けを求めればよいかの具体的かつ実践的な方法を学ぶと同時に、辛いときや苦しいときには助けを求めてもよいということを学ぶ教育（SOSの出し方に関する教育）を推進する。問題の整理や対処方法を身に付けることができれば、それが「生きることの促進要因（自殺に対する保護要因）」となり、学校で直面する問題や、その後の社会人として直面する問題にも対処する力、ライフスキルを身に付けることにもつながると考えられる。

　また、SOSの出し方に関する教育と併せて、孤立を防ぐための居場所づく

り等を推進していく。

第4　自殺総合対策における当面の重点施策
２．国民一人ひとりの気付きと見守りを促す
（２）　児童生徒の自殺対策に資する教育の実施

　学校において、体験活動、地域の高齢者等との世代間交流及び心理・福祉の専門家や自殺対策に資する取組を行う関係団体との連携などを通した児童生徒が命の大切さ・尊さを実感できる教育や、SOSの出し方に関する定期的な教育を含めた社会において直面する可能性のある様々な困難・ストレスへの対処方法を身に付けるための教育、精神疾患への正しい理解や適切な対応を含めた心の健康の保持に係る教育を更に推進するとともに、自尊感情や自己有用感が得られ、児童生徒の生きることの促進要因を増やすことを通じて自殺対策に資する教育の実施に向けた環境づくりを進める。【文部科学省】

４．自殺対策に関わる人材の確保、養成及び資質の向上を図る
（４）　教職員に対する普及啓発等

　児童生徒と日々接している学級担任、養護教諭等の教職員や、学生相談に関わる大学等の教職員に対し、SOSの出し方を教えるだけではなく、子どもが子どもがSOSを出しやすい環境を整えることの重要性を伝え、また、大人が子どものSOSを察知し、それをどのように受け止めて適切な支援につなげるかなどについて普及啓発を実施するため、研修に資する教材の作成・配布等により取組の支援を行う。遺児等に対するケアも含め教育相談を担当する教職員の資質向上のための研修等を実施する。また、自殺念慮の割合等が高いことが指摘されている性的マイノリティについて、無理解や偏見等がその背景にある社会的要因の一つであると捉えて、教職員の理解を促進する。【文部科学省】

５．心の健康を支援する環境の整備と心の健康づくりを推進する
（３）　学校における心の健康づくり推進体制の整備

　保健室やカウンセリングルーム等をより開かれた場として、養護教諭等の行う健康相談を推進するとともに、スクールカウンセラーやスクールソーシャルワーカー等の配置及び常勤化に向けた取組を進めるなど学校における相談体制の充実を図る。また、相談の際にプライバシーが守られる環境を整備するとともに、これらの教職員の資質向上のための研修を行う。さらに、大学等においては、学生の心の問題・成長支援に関する課題やニーズへの理解を深め、心の

悩みを抱える学生を必要な支援につなぐための教職員向けの取組の推進を図る。【文部科学省】

　また、学校と地域が連携して、児童生徒がSOSを出したときにそれを受け止めることのできる身近な大人を地域に増やすための取組を推進する。【文部科学省、厚生労働省】

　さらに、事業場としての学校の労働安全衛生対策を推進する。【文部科学省】

11. 子ども・若者の自殺対策を更に推進する

　我が国の自殺者数は、近年、全体としては低下傾向にあるものの、小中高生の自殺者数は増えており、令和3年には小中高生の自殺者数が過去2番目の水準となった。また、若年層の死因に占める自殺の割合は高く、若年層の自殺対策が課題となっている。さらに、基本法に学校におけるSOSの出し方に関する教育の推進が盛り込まれていることなどから、特に若者の自殺対策を更に推進する。

　支援を必要とする若者が漏れないよう、その範囲を広くとることは重要であるが、ライフステージ（学校の各段階）や立場（学校や社会とのつながりの有無等）ごとに置かれている状況は異なっており、自殺に追い込まれている事情も異なっていることから、それぞれの集団の置かれている状況に沿った施策を実施することが必要である。

（3）　SOSの出し方に関する教育等の推進

　学校において、体験活動、地域の高齢者等との世代間交流及び心理・福祉の専門家や自殺対策に資する取組を行う関係団体との連携などを通した児童生徒が命の大切さ・尊さを実感できる教育や、SOSの出し方に関する定期的な教育を含めた社会において直面する可能性のある様々な困難・ストレスへの対処方法を身に付けるための教育、精神疾患への正しい理解や適切な対応を含めた心の健康の保持に係る教育を更に推進するとともに、自尊感情や自己有用感が得られ、児童生徒の生きることの促進要因を増やすことを通じて自殺対策に資する教育の実施に向けた環境づくりを進める。【文部科学省】【再掲】

　児童生徒と日々接している学級担任、養護教諭等の教職員や、学生相談に関わる大学等の教職員に対し、SOSの出し方を教えるだけではなく、子どもがSOSを出しやすい環境を整えることの重要性を伝え、また、大人が子どものSOSを察知し、それをどのように受け止めて適切な支援につなげるかなどに

ついて普及啓発を実施するため、研修に資する教材の作成・配布等により取組の支援を行う。遺児等に対するケアも含め教育相談を担当する教職員の資質向上のための研修等を実施する。また、自殺念慮の割合等が高いことが指摘されている性的マイノリティについて、無理解や偏見等がその背景にある社会的要因の一つであると捉えて、教職員の理解を促進する。【文部科学省】【再掲】

初版あとがき

『教師にできる自殺予防』を締めくくるにあたって、私を救ってくれた教師たちの話をしたいと思います。

私は機能不全家庭の中で育ちました。今思えば、自殺のリスク要因をたくさん抱えた子ども時代でした。誰かにSOSを出すどころか、自分の家庭環境について誰にも知られたくなく、隠すことに必死でした。複雑な問題を抱える家庭の子どもほど、周囲にさとられないように親をかばい、いい子で過ごし、その気配をかき消すのだと思います。

私の人生の最初の転機は、小学校5年生の時にありました。5年生の担任の村田隆昭先生が「調べて知る」ことの楽しさを教えてくれました。教えてもらうばかりでなく、「知りたいことを調べたらわかる、わかるまで調べればいいんだ！」と、わくわくしました。結果、私は勉強の好きな子になりました。学ぶ楽しさは、これまでの生涯を通して私を支えてくれた私のレジリエンスでした。

中学生の時も私はいい先生にたくさん出会いました。素敵な音楽を教えてくれた先生、アップルパイの焼き方を教えてくれた先生、国語の美しさを教えてくれた先生、あげればきりがありません。先生たちが教えてくださったことは、私の人生を豊かにし、大変な時に私を助けてくれました。

「いつかあの先生たちみたいに中学校の先生になりたい」と未来を思い描いて、高校に入学しました。

ところが、父親がアルコール依存症で入退院を繰り返すようになり、経済的な理由で母親から進学を猛反対され、進学をあきらめることになりました。夜、外に出ては南薩のきれいな星空を眺めながら「なんでこんな家に生まれてしまったのだろう」と、何度泣いた

かしれません。

　勉強のモチベーションを失っていた時、それに気づいた担任の柿本和義先生が「最近どうしたんだ」と、職員室の前で声をかけてくださいました。「私の成績が落ちていることをわかっているのだ」と気にかけてもらっていることがとてもうれしかったのを覚えています。けれども、進学をあきらめたことを、その時は先生に言えませんでした。

　ある時期、私は補習をさぼってずっと図書室で小説を読み漁って過ごしていました。小説の中の世界は私がいる世界とは別の世界で、現実から離れることができて楽だったのです。そんなある日、ついに図書室で本を読んでいるところを柿本先生に見つかってしまいました。「こんなところで小説なんか読んでいる場合じゃないだろう」と、先生は初めて私を叱りました。その頃、先生はわが家の事情を把握していて、何とか奨学金で進学できないか、いろいろと模索してくださっていました。私が図書室にいる理由も察していたのだと思います。

　身体にあざを作って学校に登校した時も、気にかけてくれた宮里一郎先生が家庭訪問に来てくださいました。家の暗い部屋で一人座っている私を見つけて、「それ（あざ）はどうしたんだ」と真剣な顔で尋ねました。「箪笥が倒れて、あざができた」と私はその時、言いました。先生は「そんなはずないだろう」と言って、それ以上は何も聞かずにいてくれました。私は涙をこらえるのに精いっぱいで、先生と目を合わせることすらできませんでした。先生はわかってくれているのだなと思いました。それだけで十分でした。先生は、いつも私と家族を気にかけ、サポートしてくださいました。

　誠実に私と向き合ってくれる先生たちにさえ、私はSOSを出せずにいました。けれども、先生たちの見守りの一つひとつは私に安心と安全を与えてくれました。

こんなふうに、私は学校の先生をはじめ、たくさんの大人たちに支えられてきました。親戚、近所の方、父の職場の方、たくさんの大人たちに大切にしてもらいました。アルコール依存症の父もまた、彼自身、生きづらさを抱えながらも、いつも変わらず娘の私を慈しみ、大切にしてくれていました。人生の試練を与えた亡き父への怒りや憎しみは今はなく、彼の不器用ながら深い愛が今の私を支えてくれていることを実感できます。

　私が子どもたちの自殺予防活動をしている理由の一つには、私を支えてくれた大人たちみたいな人が社会にたくさんいたら、たくさんの子どもたちが救われると確信するからです。そして、それは私を育んでくれた大人たちへの御恩返しだと思っています。

　中学校の先生になるという夢は叶いませんでしたが、このように本という形で学校の先生方の力に少しでもなれれば、あの頃の私も報われるように思います。そして何より、自殺予防教育という形で私自身、小学校、中学校、高校の教壇に立っています。

　あの頃の私に言ってあげたいです。

「人生を悲観しなくて大丈夫だよ。人生を切り拓く力があなたにはちゃんとあるよ」と。

　私が子どもの自殺予防教育を実践するにあたっては、たくさんの方々にその機会をいただきました。2016年、まだ自殺予防教育が義務化される前に、自殺予防教育にチャレンジする機会をくださった、兵庫県川西市の村瀬吉孝さんをはじめとするほっとほほえみのみなさま、SOSの大人側の受け止め方の重要性にいち早く気づき、教員研修を県あげて企画してくださった岡山県教育庁人権教育課の木村真樹さん、守安孝之さん、横山慎二さん、小原健嗣さん、一緒に自殺対策計画策定をし、教育実践まで共にした故郷南さつま市の

みなさん、ありがとうございました。

　みなさんとの実践がなかったら、この本を世に出すことはできなかったでしょう。心から感謝申し上げます。また、本書の中で、ご著書を引用させていただいた近藤卓先生、松本俊彦先生、ありがとうございました。

　そして、ありのままの私を支えてくれたすべてのあなたに感謝します。

　出版にあたり、この本の企画に深い理解を示してくださった教育開発研究所のみなさま、ありがとうございました。夏に出版予定で進めていたものを、コロナ禍で私の筆が止まってしまい、それでも温かく見守りサポートしてくださった桜田雅美さん、ありがとうございました。このタイミングで本書を世に出すことの意味を感じています。

　この本を手にしてくださった方々が、ここから知識を得るだけではなく、実践できることをイメージしながら言葉を紡ぎました。「知識を意識して行動する」。私がいつも講演会で言っている言葉です。

　この本から得た知識を意識して、目の前にいる子どもたちとのかかわりの中で活用し、行動してもらえると幸いです。コロナ禍で子どもの自殺が急増するなか、この本が子どもの自殺の抑制の一助となれることを願ってやみません。

鹿児島に向かう機内にて

髙橋 聡美

■著者紹介■

髙橋　聡美（たかはし・さとみ）
中央大学人文科学研究所客員研究員・前防衛医科大学校教授

鹿児島県鹿屋市生まれ。南さつま市育ち。万世小学校・万世中学校・加世田高等学校卒。自衛隊中央病院高等看護学院を卒業後、精神科・心療内科で看護師として働く。看護学校の教員をしながら大学を卒業。2003年から2年間、スウェーデンで精神医療福祉および教育の調査をし、東北大学大学院医学系研究科で博士(医学)を取得。2006年より自死遺族支援など自殺予防活動を開始。児童生徒・教員・保護者向けのSOSの出し方・受け止め方の講演を全国で行っている。

【改訂版】教師にできる自殺予防
── 子どものSOSを見逃さない

2020年12月20日　初版第1刷発行
2021年12月10日　初版第2刷発行
2023年 5 月 1 日　改訂版第1刷発行

著　者	髙橋 聡美	
発行者	福山 孝弘	
発行所	株式会社 教育開発研究所	
	〒113-0033　東京都文京区本郷2-15-13	
	TEL 03-3815-7041／FAX 03-3816-2488	
	https://www.kyouiku-kaihatu.co.jp	
表紙デザイン	長沼 直子	
表紙イラスト	ケイーゴ・K／PIXTA	
印刷・製本	株式会社光邦	
編集担当	桜田 雅美	

ISBN978-4-86560-572-3　C3037